라이노 6.0 + 엔스케이프
3D 디자인랩

Rhinoceros 6.0 + Enscape
3D Architectural Design Lab

ENSCAPE™

라이노 6.0 + 엔스케이프 3D 디자인랩

Rhinoceros 6.0 + Enscape 3D Architectural Design Lab

| 건축 디자이너가 알려 주는 전략적 모델링과 렌더링

길기윤 지음

국내 최초
엔스케이프
3D 안내서

 AUTODESK REVIT   SketchUp 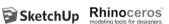 Rhinoceros® modeling tools for designers   GRAPHISOFT ARCHICAD

엔스케이프는 건축디자인 소프트웨어 상위 4개에서 모두 사용할 수 있는 범용적인 렌더링 플러그인이다.

도 서 출 판 대 가

머리말

대학 시절부터 라이노를 사용해 왔습니다. 8년 가까이 매일같이 라이노를 사용하며 머리에서 상상 속의 이미지들을 그려 왔습니다. 언제나 디자인 툴의 가장 어려운 부분이 바로 직관적인 표현이었는데요, 끝내주는 아이디어가 있더라도 머릿속의 이미지를 표현할 수 없으면 설명이 어려울 정도로 디자인 〉 디지털 모델링 〉 렌더링의 학습 과정은 디자인을 전문하는 이들에겐 큰 골칫덩어리이자 필수 요소입니다.

이미 다양한 디자인 툴, 여러 종류의 렌더링 소프트웨어를 사용했던 필자가 엔스케이프 3D를 처음 접한 건 2017년 8월 시드니의 겨울. 새롭게 건축 시장에 선보인 엔스케이프는 어설픈 사용자 인터페이스, 물체의 깊이감이 많이 결핍되어 보이는 이미지의 가벼움, 도저히 이해할 수 없는 슈퍼맨 아이콘… 기존의 Vray 렌더링에 어느 정도 숙련되어 있던 필자에게는 엔스케이프가 전혀 매력적으로 다가오지 않았습니다. 이후 2번의 업데이트, 향상된 빛의 질감과 Asset Library를 비롯해 특히 디자인 속력전을 선호하던 당시 대표 건축가의 급한 성격 때문에 실시간 렌더가 가능한 엔스케이프 3D는 디자이너로서 대체 불가능한 렌더 툴이 되었습니다.

5년의 건축 공부 이후 해외 건축사 사무소에서 다양한 건축 프로젝트에 참여, BIM과 Grasshopper, RhinoScript, Lumion 등 건축 작업에 필요한 다양한 기술들을 배워 봤지만 엔스케이프 3D만큼 디자인 과정의 효율을 극대화해 주는 프로그램은 없었습니다. 몇 시간의 훈련으로 전문가 수준의 이미지를 만들 수 있게 되었으며, 전문 CG 업체를 사용하는 경우가 적어지는 효과도 있어 엔스케이프는 가히 리얼 타임 렌더링 툴의 혁신이라고 불러도 될 정도로 쉽고 경제적입니다.

한 소프트웨어의 성장 가능성을 믿고, 한국에 돌아와 많은 이들에게 엔스케이프라는 소프트웨어를 소개해 주고 간단히 사용법을 알려 주곤 했습니다. 미래의 젊은 건축 꿈나무들이 더는 복잡한 소프트웨어로 밤샘 작업을 반복하지 않았으면 해서입니다. 이미지 작업의 효율성을 높여 건축의 본질인 창의적인 사고와 상상 속의 공간을 구체화할 수 있는 시간을 더 제공해 주는 게 미래 디자인 산업 발전에 도움이 되지 않을까 생각했습니다. 단순한 "렌더링 기술"이 아닌 "창의적 사고를 기르기 위한 잔머리"를 독자분들께 전해드리고자 이 책을 쓰기 시작하였습니다.

이 책을 쓰도록 도와주신 대가출판사의 김호석 대표님과 DIGIT 한기준 대표님, YA Studio 고영준 대표님께 큰 감사의 말씀을 드립니다. 오랜 스승이시자 제게 건축의 멋과 맛을 알려 주신 LESS 건축의 우준승 소장님, LIVESCAPE 유승종 대표님, 신나는 건축친구들 신혁수와 구미경, 오세철과 이창현, 그리고 랜포랄 정지수 대표에게 감사함을 전합니다. 또한 멀리에 있는 소중한 친구들 Jay Tsai(UNStudio), Brett DongHa LEE(Perkins Eastman), Hiroki Fujino(MAD Architects / KTA), Dimitrios Karopoulos(Snohetta), Dookee Chung(Elenberg Fraser / RMIT), Tim Schreiber(Foster + Partners), Koichi Takada(Koichi Takada Architects) 또한 지금의 제가 있을 수 있도록 큰 버팀목이 되어 주었기에 감사의 말씀을 드립니다.

마지막으로 평생 저를 응원하시는 부모님 길성범, 박정숙 님과 사랑하는 아내 이서영에게 이 책을 바칩니다.

CONTENTS
차례

2부
엔스케이프 3D 실습 PROJECT

1부

엔스케이프 3D
이론

01 렌더링이란?

렌더링이란 캐드(CAD, Computer Aided Design)로 그린 3차원 디지털 디자인(Digital Design)을 실사화시키는 디지털 시뮬레이션(Digital Simulation)이다. 이것을 흔히 Architectural Rendering 혹은 Architectural Illustration이라고 부른다. 건축가가 설계한 건물의 입체적인 모습을 2D 이미지 혹은 비디오 애니메이션으로 만드는 게 보통이고. 최근에는 그래픽 기술의 발전으로 실시간 렌더링(Realtime Rendering) 및 가상현실적 공간 체험(Virtual Reality Walk Through)이라는 신개념 렌더링도 가능해졌다.

건축 렌더링은 사실상 디지털 디자인의 최종 단계로서 궁극적으로 디지털 디자인의 꽃이라고도 부른다. 여태껏 건축 렌더링은 기존의 모델링에 빛과 재질을 완벽하게 넣어야 하며 카메라 설정에 대한 전문적인 지식과 감각이 요구되었다. 복잡한 조작과 설정들, 오랜 시간의 렌더링 이후 색 보정과(Entourage Cutouts) 건축물 주변의 사람들과 조경의 합성 작업이 요구되어(Photo Realistic), 극사실적 렌더 이미지를 보면 기술력에 한 번 감탄, 압도적인

Infinity by Crown Group _ Koichi Takada Architects (KTA), Rendering by MIR

분위기(Atmosphere)에 두 번 감탄하게 된다. 노르웨이의 비주얼라이제이션(Visualization) 회사인 MIR(www.mir.no) 같은 경우 세계적인 렌더링 스튜디오로 초현실을 넘어 이미지의 예술적 감상이 가능하며, 건축 사진보다 더 현실 같은 고도의 렌더링 노하우를 담고 있다.

아직 현실화되지 않은 건축물을 간접적으로 경험하기 위한 가장 좋은 매체로서 렌더링은 건축 설계 시장에서는 굉장히 중요한 전문 산업으로 발전해 왔다. 건물의 콘셉트를 한 컷으로 전달해 주는 "머니샷(Money Shot)" 같은 경우는 건축 설계 현상(Architectural Design Competition) 산업에서는 수천 달러 가치의 역할을 할 때도 있다. 건축가가 의도한 아이디어를 이미지 한 장으로 설명할 수 있는 렌더링이야말로 가장 완전한 렌더링이며, 이를 위한 사진학적, 예술적 접근은 계속해서 발전할 것이다.

Sydney Fish Market _ 3XN, Rendering by MIR

Lighthouse Sea Hotel _ Jay Tsai+Dimitrios Karopoulos+Kris Kil 2016

Lamborghini Road Monument _ Skywalker Zeng+Kris Kil 2016

02 엔스케이프란?

ENSCAPE 3D라는 프로그램은 2013년 독일의 작은 도시 Karlsruhe에서 Enscape GmbH사에 의해 시작되었다. 2015년 성공적인 론칭 이후, 2017년 본격적으로 Autodesk사에서 Revit Architecture의 가상현실 (VR) 체험용 소프트웨어를 선보였다. 간편하고 효율적인 사용자 인터페이스 UI 디자인으로 건축 렌더링 시장에서 혁신적인 제품으로 세계에 알려졌으며, 이후 Google사의 Sketchup 및 Robert McNeel & Associates의 Rhinoceros 3D, 그리고 Graphisoft사의 ArchiCAD까지 소프트웨어 연계를 추가 구성했다. 현재 Enscape GmbH사는 미국 뉴욕까지 사무실을 확장 오픈했으며, 세계 80개국 상위 100곳의 대표적 건축사사무소에서 ENSCAPE 3D를 실무에 적극적으로 사용하고 있다.

엔스케이프는 건축디자인 소프트웨어 상위 4개에서 모두 사용할 수 있는 범용적인 렌더링 플러그인이다.

Enscape GmbH의 창시자이자 현 CEO인 Thomas Willberger는 "엔스케이프의 초창기부터 우리는 끊임없이 한 가지 목표 달성을 위해 노력했다: 그것은 바로 쉬운 원클릭 어플리케이션과 간편한 3D walkthrough 환경을 통해 만들어진 생생한 렌더링으로 모든 사용자의 건축 프로젝트가 이미 지어진 것처럼 경험하게 해 주는 것이다"라고 말했다.

노만 포스터, 렌조 피아노, 잠실 롯데타워를 설계한 KPF 등 세계적인 건축설계사들이 현재 실무에서 엔스케이프를 적극 사용하고 있다.

"Since starting Enscape we continuously follow one goal: allow everyone to experience architectural projects as if they were already built, by developing a photorealistic and easy to use 3D walkthrough with one click."

ENSCAPE 3D 연혁. (출처: https://enscape3d.com/career-en/#history)

03 엔스케이프의 특징:
이 글을 읽는 순간 당신은 엔스케이프를 안 쓸 이유가 없다!

01 리얼타임 렌더 Real-time Rendering

우리말로 직역하면 '실시간 렌더'가 된다. 실시간으로 건축디자인을 하면서 화면 움직임을 그대로 따라오고, 변형되는 디자인이 빛과 재료가 적용된 환경에서 실시간으로 동기화된다. 게이밍 엔진인 Unreal Engine와 유사한 기술을 발전시킨 ENSCAPE 3D는 현존하는 리얼타임 렌더 툴 중 가장 쉽고 직관적이다. "디자인 후 렌더링" 관계를 초월해 "디자인 중 렌더링"을 할 수 있게 만들었으며, 날짜, 시간과 햇빛의 방향들을 손쉽게 조작해서 빛이 어떻게 디자인에 반영되는지 확인할 수 있다. 이제는 당신의 디자인을 현실적으로 만나보기까지 많은 시간과 비용을 투자할 이유가 사라질 것이다.

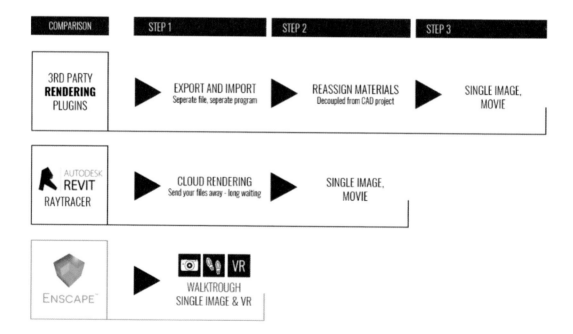

소프트웨어 기술의 발전으로 렌더링의 효율성이 강화되고 있다.
(출처: https://www.mgfx.co.za/cad-software/enscape-3d/)

02 멀티태스킹이 가능한 그래픽카드 렌더링 GPU Rendering

2010년 후반에 접근하면서 컴퓨터의 성능은 매일같이 발전해 가고 있다. 그래픽카드 또한 다양한 게임과 프로그램을 위해 갈수록 고성능으로 발전했지만 저렴한 가격에 구매가 가능해졌다. ENSCAPE 3D는 Chaos Group사의 Vray나 MAXON Computer GmbH사의 Cinema4D가 채용하는 CPU 렌더링 기법과 달리 그래픽카드 GPU 렌더링 툴이다. (최근에는 Vray와 Cinema4D 또한 GPU 렌더링 기법을 추가 업데이트했다.)

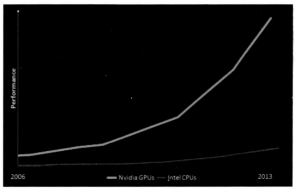

그래픽카드 GPU의 성능 개발은 이미 오래전부터 고속성장하고 있었다.
(출처: http://furryball.aaa-studio.eu/aboutFurryBall/whyGpu.html)

GPU 렌더링의 가장 큰 장점은 컴퓨터에 프로세싱이 적게 부하된다는 것이다. 최종 마감 기간 때 렌더링을 1시간 걸어 본 사람이라면 기억할 것이다. 렌더링에 모든 프로세서가 사용되므로 그 시간 동안에는 다른 작업을 할 수 없는 무용지물의 시간이 돼버리기 마련이라는 걸. GPU 렌더링은 이러한 프로세싱 부하가 적기 때문에 렌더 진행과 동시에 다른 작업을 할 수 있다. 게다가 ENSAPE 3D 렌더링은 4K 초고화질 이미지라도 보통 3분 이상 걸리지 않는다!

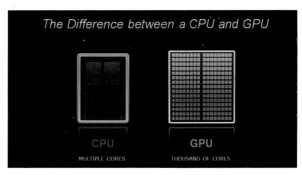

현재 저렴한 가격의 그래픽카드라도 CPU 렌더보다 훨씬 많은 양의 코어 수로 프로세싱이 가능해졌다. (출처: http://furryball.aaa-studio.eu/aboutFurryBall/whyGpu.html)

보통 렌더링을 하기 위해서는 수많은 소프트웨어를 비교하고 공략해야 한다. 본인이 어떤 디자인 툴을 사용하는지, 이것과 어떻게 연동이 되는지 고민하고 배워야 한다. 예를 들면 같은 GPU 리얼타임 렌더링 소프트웨어 중 대표적으로 Lumion과 Twinmotion이 있다. 두 소프트웨어는 현재 디자인 시장에서 높은 비중을 차지하는 잘 나가는 툴이다. 쉽고 간편한 게임과 같은 사용감과 다양한 3D 모델링 자료들로 현실적인 환경 조성을 할 수 있기 때문이다. 똑같은 장점을 공유하는 ENSCAPE 3D와 한 가지 다른 점이 바로 Lumion, Twinmotion은 개별적인 소프트웨어라는 것이다.

앞서 말한 두 소프트웨어는 디자인 소프트웨어와 별개로 또 다른 사용자 인터페이스에서 디자인 파일을 불러와야 하며, 환경에 적응해야 하고, 프로젝트 파일 또한 용량이 커지기 마련이다. 디자인 툴과 렌더링 툴은 별개의 소프트웨어가 되면서 결국엔 두 개의 인터페이스를 익혀야 한다. 필자는 본인이 스스로 굉장히 게으른 사람이라는 걸 인지하므로, ENSCAPE 3D가 소프트웨어 플러그인이라는 점이 큰 장점으로 다가왔다. 별도의 인터페이스를 배울 필요가 없고, 디자인 소프트웨어의 기능들을 최대한 활용할 수 있다는 것이 그 어떤 렌더링 툴보다 혁신적인 ENSCAPE 3D의 장점이다. 게으른 사람의 렌더 툴 ENSCAPE 3D, 매력적이지 않은가?

좌: 별도의 사용자 학습이 필요한 Lumion(위)과 Twinmotion(아래)의 소프트웨어 인터페이스.
우: 라이노와 스케치업 등 디자인 소프트웨어에 플러그인 형식으로 디자인된 엔스케이프의 인터페이스.

ENSCAPE 3D의 개발자들에게 찬사를. ENSCAPE 3D는 동영상 렌더링도 가능하다. 간편하게 비디오 프레임을 추가 및 관리할 수 있게 되어 있으며, 저장된 Key Frame의 시간, 카메라 줌 비율도 변화를 줄 수 있다. 또한, 동영상 경로를 내보내고 불러올 수도 있어서, 한 프로젝트에 다양한 동영상을 제작할 수 있다.

Revit상에서 동영상을 구현하고 공유하는 방법. (출처: https://enscape3d.com/best-practices-video-creation-in-revit-2019/)

최근 디자인 시장에서 무궁무진한 개발과 활용이 많아지며 일상화되어 가고 있는 가상현실(Virtual Reality, 일명 VR) 체험을 직접 ENSCAPE 3D상에서 할 수 있게 되었다. Oculus Rift와 HTC VIVE 등 VR 하드웨어와 호환이 되며, 심지어 360도 렌더링을 통한 Google Cardboard와도 한 번의 클릭으로 가능하게 설계되었다.

출처: https://enscape3d.com/architectural-virtual-reality/

더불어, ENSCAPE 3D는 Executable Standalone 및 Web Standalone이라는 추가 기능을 만들었는데, 이는 프로젝트 클라이언트와 컨설턴트, 팀원들 사이에서 끊임없는 소통을 위한 것이다. 다른 컴퓨터에 별도의 디자인 소프트웨어와 엔스케이프가 설치돼 있지 않더라도 실행할 수 있는 .exe 확장자의 파일 혹은 웹페이지로 엔스케이프 화면을 내보낼 수 있게 되었다. 이를 통해 디자이너가 의도한 디자인을 입체 공간상 움직이면서 미리 자유롭게 경험하고 효율적으로 공유할 수 있다.

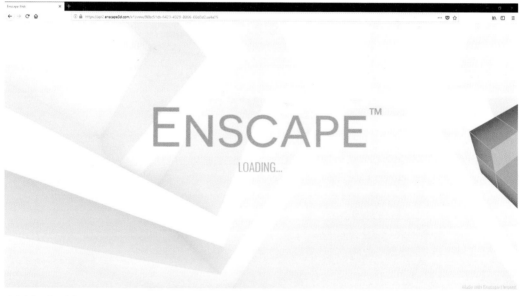

웹페이지로 엔스케이프 프로젝트를 업로드해서 어디서든 프로젝트 디자인을 공유 및 감상할 수 있다.
(출처: https://enscape3d.com/best-practices-how-to-use-web-standalone-export-for-presentation/)

05 계속 업데이트되는 무료 3D Asset Library

ENSCAPE 3D는 실시간으로 발전해 간다. 불과 1년 전만 해도 없던 기능들이 계속 업그레이드돼 가는 걸 보면 사용자로서 흥분이 가라앉지 않는다. 엔스케이프는 웹 기반 프록시(Proxy) 3D Asset Library를 제공한다. 쉽게 말해 다시는 3D 나무와 사람들, 자동차를 따로 제작하거나 내려받을 이유가 없어졌다는 것이다. 웹서버 기반 Proxy라는 모델링 방식을 택했기 때문에 사용자의 컴퓨터에는 더 이상 3D 나무나 3D 사람 때문에 하드디스크 용량 걱정은 하지 않아도 될 것이다. 품질 또한 뛰어나며, Evermotion 3D와 같은 3D 모델링 업체들과 제휴를 한 덕분에 굉장히 폭넓은 아이템들을 쉽게 사용할 수 있게 되었다. 이 데이터베이스는 온라인으로 업데이트되므로 인터넷이 반드시 연결되어야 한다는 제약이 있다. 엔스케이프 개발자들은 그 자료의 양과 품질을 계속해서 개선해 나가고 있다.

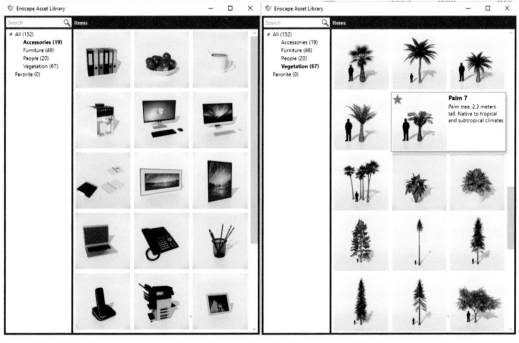

계속해서 업데이트되는 무료 3D Asset Library. (출처: https://enscape3d.com/best-practices-asset-library/)

06 저렴한 라이선스 가격

싸다. 정말 싸다. 엔스케이프의 가격은 여타 다른 소프트웨어보다 라이선스 가격이 싸다. 가격이 저렴한 이유만으로 ENSCAPE 3D를 사용 안 할 이유가 없다. 14일의 무료 체험판과 학생을 위한 교육용 라이선스가 따로 있으니 참고할 것.

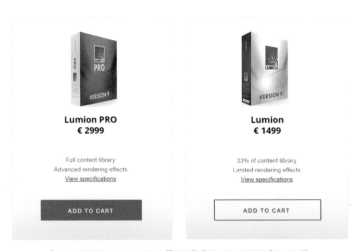

사실상 같은 기능을 제공해 주는 소프트웨어인 Lumion 9.5와 엔스케이프 2.5의 가격 차이(2019년 가을 기준).

ENSCAPE

GALLERY   COMMUNITY   BUY   FREE TRIAL   VIDEO TUTORIALS   SUPPORT   MY LICENSES

Enscape offers subscriptions only, which meant you are always on an up-to-date version and it renews automatically.
You can cancel the monthly licenses every month, yearly licenses every year. Prices are exclusive VAT. Click to read our EULA.

SEPA   PayPal   VISA

FREQUENTLY ASKED QUESTIONS

If your question is not listed, please don't hesitate to write
to us at licensing@enscape3d.com, we're happy to help you!

◆ What are the different license options?

◆ Can I pay via invoice?

◆ Is there a student or academic license?

◆ Does my version always stay up to date?

◆ How can I transfer my license to another machine?

◆ How can I manage/upgrade my licenses?

◆ Why don't you offer one time payment?

04 이 안내서의 특징

01 효율성: 게으른 사람들이 개발한 합리적 시스템

필자는 스스로 매우 게으른 사람이라고 생각한다. 게으른 사람이 디자인계에서 생존하려면, 빠른 손동작과 효율적인 업무 실력이 있어야만 한다. 지난 4년간의 국제적 디자인 사무실에서 축적한 디자인 노하우와 빠른 모델링 기법들을 이번 안내서에서 소개하고자 한다. 사람마다 독특한 일하는 시스템이 있듯이, 필자 또한 다양한 기술들과 디자인 꿀팁들이 있다. 이 안내서는 단순한 소프트웨어 사용 설명서에 그치는 게 아니라 최소한의 시간으로 최대한을 표현할 수 있는 디자인 작업 논리와 체계적인 프로세스를 전달한다.

예를 들어 재료를 단축키화 시키는 Rhino Macro Editor와 Grasshopper를 사용하지 않고 빠르게 제작하는 커튼월 창틀제작, 엔스케이프 단축키 활용법 등이 있다. '빨리빨리'를 외치는 마감 시즌 동안 높은 효율성을 통해 심리적, 신체적 건강을 유지하길 바란다.

누구나 효율성을 사랑한다!

02 ENSCAPE 3D의 예술적 확장

불과 1년 전만 해도 많은 사람이 엔스케이프
의 가치를 알아보지 못했다. 필자 또한 처음
엔스케이프를 접했을 때는 이미 사용하고 있
던 Vray와 비교해 터무니없이 단순한 인터페
이스, 게임과도 같은 실행 화면, 어색한 빛 적
용 등이 매력적으로 느껴지지 않았다. 하지
만 매년 두세 번의 소프트웨어의 업데이트로
갈수록 더해지는 표현의 다양성, 재료 표현
의 깊이감과 HDRI 사용까지, 엔스케이프는

몇 개월 만에 다른 소프트웨어가 가진 예술적 표현기술을 그대로 재현할 수 있게 되었다. 이 책을 통해, 독자는
기본 default setting으로의 엔스케이프 렌더링이 아닌, 전문가 수준의 높은 예술적 렌더링들을 함께 배워 나
갈 것이다.

엔스케이프로 만든 건축 예시 이미지들. (출처: https://enscape3d.com/visualization-gallery/)

03 소프트웨어 혁명으로 인한 전문성의 보편화: 고생할 이유가 없어졌다!

4차 산업혁명이라는 말을 안 하고 넘어갈 수가 없다. 필자는 요즘 어딜 가든 사람들에게 4차 산업혁명과 소프트웨어 기술의 발전, 인공지능(Artificial Intelligence)과의 관계 등을 쉴 틈 없이 이야기한다. 초현실적으로 빨리 발전하고 있는 과학 기술로 다가오는 미래에는 우리가 점점 더 일할 필요가 사라지고 말 것이라고 필자는 믿는다. 자율주행 자동차가 발명되고 온라인 뱅킹이 대중화된 현재, 건축 설계사무소에서 설계판과 화통이 사라진 지 어느덧 10년이 되었다. 앞으로 다가오는 10년, 아니 3년 사이에는 과연 건축디자인의 어떤 업무들이 살아남을까. 비관적일 수도 있겠지만 건축 설계에서는 더는 도면을 그릴 이유도, 3D 모델링을 할 이유도 없어질 수 있다고 생각한다.

그렇다면 3D 렌더링, 즉 Architectural Visualization 시장은 어떻게 변할까? 지난 10~20년 사이에 건축디자인은 디지털화되었으며 ArchViz 산업은 굉장한 자본을 구축해 왔다. 3D 렌더링이라는 기술은 현실적으로 상당한 전문적 지식과 경험이 요구되었으며, 고성능 컴퓨터 하드웨어 또한 필수 조건이었다. 건축 디자이너로서는 하나의 프로젝트에 필요한 디자인 렌더링을 위해서는 많은 시간과 비용이 불가피했으므로, 실질적으로는 실무에서 많이 포기했던 것 중 하나가 멋진 렌더링이었다.

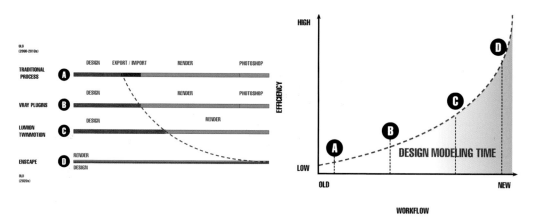

필자가 생각하는 엔스케이프의 사용자 경험 및 디자이너 툴로서의 효율성.

더 이상은 세부적 전문화가 아닌 전문성의 보편화가 될 것이라 필자는 생각한다. 디지털건축 산업 시점에서 ENSCAPE 3D의 발명은 필자에겐 신선한 충격으로 다가왔다. 7년 전 학교에서 밤샘 작업을 하며 돌려봤던 테스트 렌더링만 하더라도 수십 개가 될 것이며, 수백 시간의 공부가 필요했었다. 한 가지 기술을 습득하기 위한 노력과 시간 낭비가 많았던 과거라면, 소프트웨어 공학의 발전은 나날이 빨라져 가고, 새롭게 디자인된 작업 환경은 현저하게 적은 양의 노력과 시간으로 디자인을 시각적으로 표현할 수 있게 되었다.

이 책을 통해 독자는 분명 새롭게 일하는 방법을 배우게 될 것이고, 필자가 몇 년 전 느꼈던 것과 같은 신선한 충격을 달콤하게 받길 희망한다.

무서운 렌더링 시간 단축과 품질을 보여 주는 엔스케이프 기본 렌더. (출처: https://www.mgfx.co.za/cad-software/enscape-3d/)

05 당부의 말: 이 안내서를 보기 앞서

본 안내서에 앞서 필자는 몇 가지 당부의 말씀을 드리고자 한다. 이 기능서는 영문 버전뿐인 ENSCAPE 3D와 더불어 사용하는 대표적인 디자인 소프트웨어인 Rhinoceros 3D 6.0 또한 영문으로 사용하고 있다. 한글판으로 사용하지 않는 이유는 단순하다. 모든 Command 명령어가 영문임에 반해 일부만 한글 번역된 소프트웨어를 사용하기엔 혼란이 있었고, 라이노를 독학하기엔 온라인 및 오프라인 강좌들이 영문 버전인 경우가 대부분이기 때문이다. 또한, 모든 디자인 소프트웨어가 통상적으로 사용하는 전문용어가 영어로 되어 있고 개발자의 의도를 가장 쉽게 이해하기에는 영문판이 표준적이기 때문에 필자는 설치 시 영문판 버전 사용을 권장한다.

하지만 이미 한글 버전이 편한 독자들 또한 어려움은 전혀 없을 것으로 예상한다. 라이노나 엔스케이프의 실행 아이콘 및 버튼은 보통 같은 위치에 있으며, 사용하는 기능들의 설명을 되도록 친절하게 서술할 계획이다. 그러므로 별도의 번역 없이도 한글판 라이노 사용자들에게 불편함을 느끼지 않을 것이다.

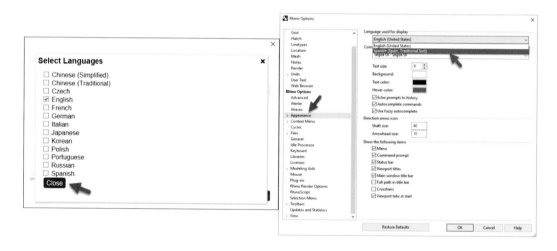

라이노 언어를 변경하는 방법도 있다. (참고: https://wiki.mcneel.com/ko/rhino/6/addlanguages)

이 안내서는 Microsoft사의 Windows 10 환경에서 제작되었으며 사용한 기본 소프트웨어는 Rhinoceros 3D version 6.0과 ENSCAPE 3D version 2.5다. 별도로 추가하는 소프트웨어 다운로드 링크는 본 커리큘럼에서 제공할 계획이다.

design, model, present, analyze, realize...

검색　🔍

구매　다운로드　갤러리　기능　뉴스　커뮤니티　학습 정보　지원　리소스　로그인

다운로드

⊞ Windows 용

전체 설치

- **Windows용 Rhino 6 - 평가판** - 90일 동안 **모든 기능을 사용**하실 수 있는 버전입니다. 90일이 지난 후에 라이선스를 구매하지 않으시면 저장이 되지 않고, 플러그인도 실행되지 않습니다.
- **Windows용 Rhino 6 - 최신 버전** - Rhino 6 라이선스 키가 필요합니다.
- **Flamingo nXt 5** - Rhino를 위한 차세대 렌더링
- **Brazil** - Rhino용 고급 렌더링
- **Penguin** - Rhino용 스케치/카툰 렌더링
- **Bongo** - Rhino용 디자인 애니메이션 (30일 평가판)
- **Zoo** 네트워크 라이선스 관리자 (무료)

Work-In-Progress (WIP: 개발 중인 버전)

- **Serengeti** 빌드 - 현재 개발이 진행 중인 최신 빌드(WIP: Work-In-Progress)
  (Rhino 6 라이선스 키가 필요합니다)

도구

- 플러그인과 리소스 - Rhino용, Grasshopper용
- 개발자 도구

시스템 요구사항

- Rhino 6
- Rhino 5

문서화

- 처음 시작 안내
- Windows용 Rhino 사용자 가이드
- Mac용 Rhino 사용자 가이드

⌨ Mac 용

전체 설치

- **Mac용 Rhino 6 - 평가판** - 90일 동안 **모든 기능을 사용**하실 수 있는 버전입니다. 90일이 지난 후에 라이선스를 구매하지 않으시면 저장이 실행되지 않습니다.
- **Mac용 Rhino 6 - 최신 버전** - 라이선스 키가 필요합니다.

Work-In-Progress (WIP: 개발 중인 버전)

- **Serengeti** 빌드 - 현재 개발이 진행 중인 최신 빌드(WIP: Work-In-Progress)
  (Rhino 6 라이선스 키가 필요합니다)

⬤ iOS용

- **iRhino 3D** - iOS 장치에서 네이티브 Rhino 3DM 파일을 곧바로 보는 뷰어.

아카이브

- **Windows용 Rhino 5 - 최신 버전** - 라이선스 키가 필요합니다.(*변경 로그*)
- **Rhino 5용 Grasshopper** - 제너러티브 디자인 툴
- **Windows용 Rhino 5 언어팩** - 인터페이스와 설명서

- **Mac용 Rhino 5 - 최신 버전** - 라이선스 키가 필요합니다.

- **Windows용 Rhino 4 - 전체 버전**
- **Windows용 Rhino 4 - 최신 서비스 릴리스 패치** (*변경 로그*)

  경고: Rhino 4는 Windows 10에서 지원되지 않습니다.

Rhino 6.0 평가판 90일 다운로드 링크 https://www.rhino3d.com/kr/download
Enscape3D 평가판 14일 다운로드 링크 https://enscape3d.com/trial-14

01 엔스케이프 사용하기

엔스케이프 3D는 공식 홈페이지인 https://enscape3d.com에서 다운로드 및 구입이 가능하다. 이곳에는 소프트웨어에 대한 정보뿐 아니라 사용방법에 대한 팁들, 활용에 대한 다양한 지식들이 공유되어 있다.

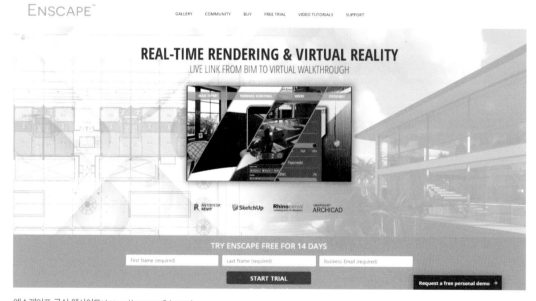

엔스케이프 공식 웹사이트: https://enscape3d.com/

02 엔스케이프 라이선스 구입하기

ENSCAPE 3D는 https://enscape3d.com/에서 다운로드 및 설치 실행할 수 있다. 엔스케이프는 1개의 소프트웨어로 Revit, Sketchup, Rhinoceros 및 ArchiCAD 4가지 소프트웨어에서 모두 실행할 수 있는 올인원 플러그인이다. 2019년 가을 현시점, 엔스케이프는 총 3가지 방법으로 라이선스를 판매하고 있다.

1. FIXED-SEAT LICENSE: 동시에 1개의 컴퓨터에만 설치할 수 있다. 1년 단위 구독 가격. 개인이 사용하기에 적합.

2. FLOATING LICENSE: 서버 라이선스, 여러 컴퓨터에 설치할 수 있다. 단, 한 번에 1개의 컴퓨터만 사용 가능. 사무실에 적합.

3. FIXED-SEAT LICENCE (MONTHLY): 해당 라이선스는 월 구독 단위로 첫 번째 라이선스 내용과 같다.

소프트웨어 라이선스 구입 페이지: https://enscape3d.com/store/

03 14일 무료 체험판 사용하기

처음부터 엔스케이프 소프트웨어를 구매해 사용하기가 망설여진다면 웹사이트를 통해 14일간의 무료 체험판을 사용할 수 있다. 아래 페이지를 통해 몇 가지 정보를 입력하면 간편하게 체험판을 사용해 볼 수 있다. 체험판은 기재한 개인 이메일로 다운로드 링크가 전달된다.

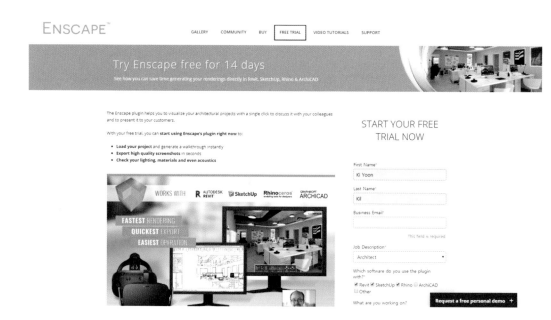

엔스케이프 공식 웹사이트: https://enscape3d.com/

Enscape - Trial 🙂

보낸사람 Enscape <noreply@enscape3d.com> 19.06.11 22:31 주소추가 수신차단

ENSCAPE

Hey kris,
I'm Kaj from Enscape and I'd like to make your Enscape trial a great success!

Download the installer now

For further questions, just write me a mail or let's schedule a video conference.

Thanks for trying Enscape - have fun presenting your architecture projects!

Kaj Burival
Enscape Support

빠른 답장을 하시려면 여기를 클릭해주세요.

무료 체험판 신청 이후 곧바로 기입한 개인 이메일 사서함에 Enscape-Trial이라는 제목으로 메일이 도착한다.
만약 도착하지 않는다면, 이메일 스팸함도 확인해 보자.

04 교육용 라이선스

엔스케이프는 무료 체험판 외에도 교육용 제품 라이선스를 제공한다. 이 라이선스는 상업적 사용이 금지되어 있으며, 반드시 교육기관의 승인이 필요하다. 재학 중이거나 근무 중인 교육기관 도메인의 이메일 주소가 필요하며, 이에 상응하는 이메일 주소가 없는 학생일 경우, 영문으로 번역된 재학증명서와 학생증 그리고 재학생에 대한 승인된 편지가 첨부되어야 한다. 며칠 동안 엔스케이프에서 교육용 라이선스 승인 절차를 진행한 후, 학생과 교육기관은 총 6개월간의 교육용 라이선스로 엔스케이프를 무료로 사용할 수 있게 된다. 자세한 정보는 엔스케이프 웹사이트에서 확인할 수 있다.

교육용 라이선스 신청 페이지: https://enscape3d.com/educational-license/

교육용 라이선스를 신청하는 페이지는 https://enscape3d.com/ 공식 웹사이트의 하단에 숨어 있다!

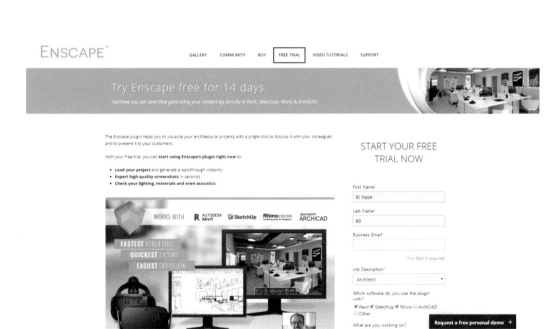

교육용 라이선스에 대한 세부 정보.

05 엔스케이프 설치하기

엔스케이프 플러그인 소프트웨어를 설치하는 방법은 의외로 간단하다. 버전에 따라 용량 차가 있긴 하겠지만, 필자가 사용하는 ENCAPE 3D v2.5의 경우 300MB 수준의 적은 디스크 사용량이 필요하다. 이는 20GB가 필요한 Lumion 9과 5GB를 요구하는 Twin motion 2019에 비하면 대단히 가벼운 소프트웨어임을 보여 준다.

엔스케이프의 설치는 비교적 간단하다. 3단계의 설정을 거치면 바로 설치 후 독자가 사용하는 모델링 프로그램상에서 엔스케이프를 사용할 수 있다.

사용자 프로필에 맞춰서 설치 여부를 선택할 수 있다.

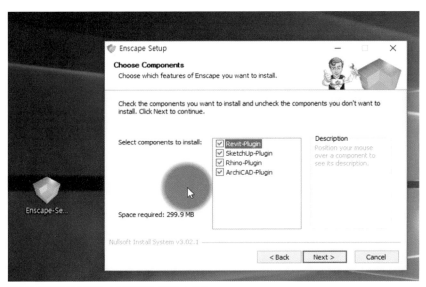

설치 시 개별적으로 사용하는 소프트웨어를 선택할 수 있다.

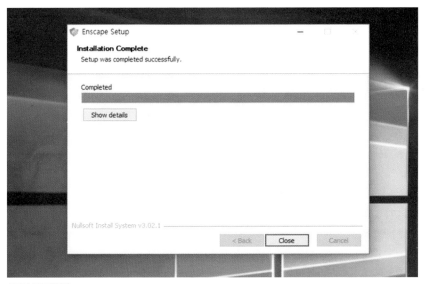

설치가 완료되었다.

01 라이노상 엔스케이프 실행 화면

라이노 사용자인 경우, 라이노의 기존 툴바 창에 오른쪽 클릭을 하면 숨겨진 툴바들을 열 수 있다. 아래 이미지와 같이 Vray와 마찬가지로 엔스케이프는 총 3가지 방법으로 보일 수 있으며, 그중 가장 많이 사용하는 게 중간에 있는 "tabs" 툴바다. 툴바를 열어 보면 아래 그림처럼 뜬다.

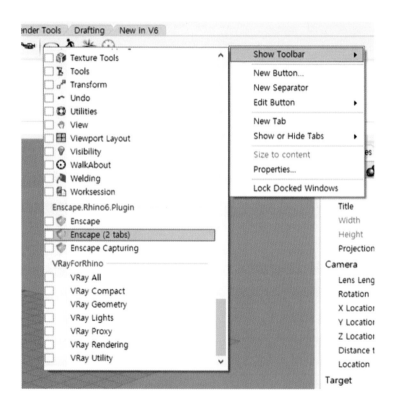

02 스케치업상 엔스케이프 실행 화면

스케치업도 라이노와 비슷한 방법으로 엔스케이프 툴바를 열 수 있다. 라이노와 달리 탭(tab)으로 레이아웃이 돼 있지 않기에 스케치업에서는 아래 그림과 같이 2개의 툴바를 모두 켜 둬야 한다. Enscape 툴바는 주로 리얼타임 렌더링 관련한 버튼들이 자리 잡고, Enscape Capturing은 최종 이미지나 비디오를 저장할 때 주로 사용하게 된다.

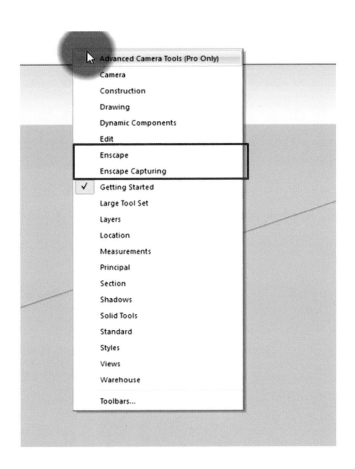

03 레빗상 엔스케이프 실행 화면

라이노, 스케치업과 달리 레빗에서는 작업 창 상단부에 Enscape 메뉴탭이 생긴 것을 확인할 수 있다. 이 메뉴에서는 앞서 말한 프로그램들의 Enscape과 Enscape Capture 두 메뉴바의 역할을 통합적으로 사용, 관리할 수 있다.

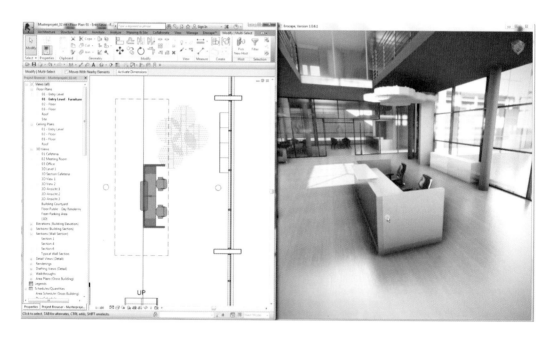

04 아키캐드상 엔스케이프 실행 화면

아키캐드에서 엔스케이프를 실행하면 레빗과 같은 방식으로 상단부에 Enscape이라는 탭이 새로 적용되는 것을 볼 수 있다. 또한, 라이노, 스케치업처럼 툴바를 사용할 수도 있다.

이처럼 4가지 소프트웨어 모두 거의 똑같은 방식으로 엔스케이프가 사용되고, 볼 수 있는 메뉴나 인터페이스가 다르지 않다는 것을 확인할 수 있다. 이로써, 한 가지 소프트웨어로 엔스케이프 사용이 가능하다면, 나머지 3개의 디자인 툴에서는 문제없이 같은 수준의 렌더링을 할 수 있게 된다.

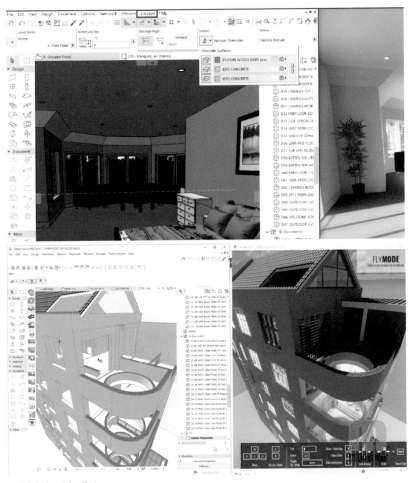

활성화된 엔스케이프 툴바.

05 엔스케이프 기본 툴바

필자가 현재 사용하는 2.5 버전의 라이노 엔스케이프 툴바는 총 21개의 버튼이 있다. 첫 세트의 Enscape toolbar에는 실시간 렌더에 관련된 제어, 카메라에 대한 제어, Asset Library와 Enscape Material Editor, Settings 등이 있다. 두 번째 세트의 Enscape Captureing toolbar에는 렌더링 저장과 내보내기에 대한 버튼들이 나열되어 있다. 다음 장에서는 엔스케이프 기본 툴바와 사용법에 대해 자세하게 설명하고자 한다.

01 ENSCAPE SETTINGS

오른쪽에서 네 번째 버튼인 엔스케이프 설정 창을 열어 보면 아래와 같은 윈도우가 뜬다.
Enscape Setting 설정 창에서는 엔스케이프 렌더링에 대한 전반적인 설정을 할 수 있다.

1. General: 이미지의 일반적인 설정들을 바꿀 수 있다. 예를 들어 렌더링 스타일, 카메라 배율, 노출값 설정과 렌더링 품질에 대한 조정을 대표적으로 할 수 있다.

2. Image: 렌더링 이미지에 대한 채도, 명도, 그리고 온도 조절 등 이미지의 색감과 깊이감을 조절할 수 있다. 쉽게 말해 이미지 탭 사용만 잘한다면, 이제는 포토샵 기초 리터칭은 생략해도 된다. 실시간으로 조정하면서 렌더링에 화장(Cosmetics)한다고 생각하면 쉽다.

3. Atmosphere: 렌더링의 주변 환경을 조정할 수 있는 "분위기" 창이다. 햇빛의 강도, 구름의 형태와 안개의 짙기를 조절할 수 있게 되며, Skybox를 불러와서 HDRI 파일들을 조정하여 현실적인 이미지를 만들 수 있게 된다. 주로 외부 환경(Exterior Shot)을 위한 도구이기도 하다.

4. Input: 마우스와 게임 컨트롤러의 속도와 사용감을 설정하는 탭으로, 평소에는 많이 사용하지 않는다.

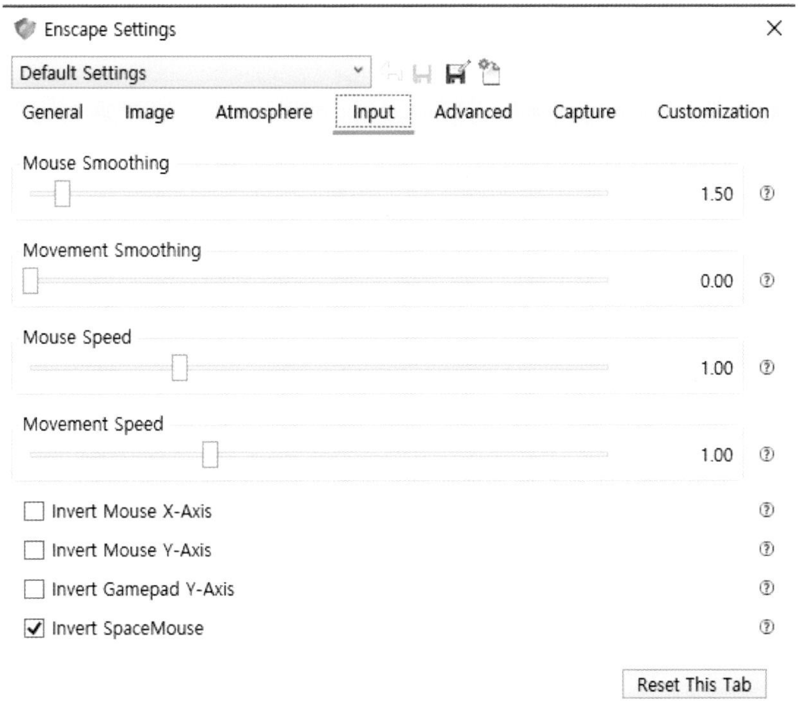

5. Advanced: 고급 설정을 할 수 있는 추가적인 탭이다. 실물 같은 3D 잔디 효과를 설정할 수 있으며, 인공조명의 밝기를 조정할 수 있다.

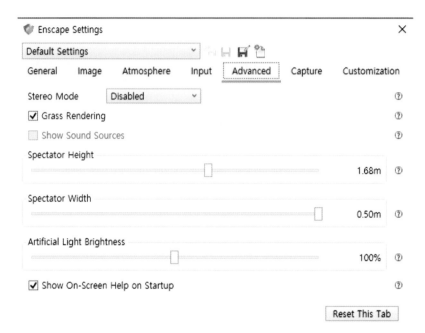

6. Capture: 실시간 렌더를 이미지나 동영상으로 저장할 때 사용하는 탭. 저장하는 이미지의 크기와 (픽셀 단위) 포맷, 저장하는 단축키를 편집할 수 있으며, 동영상의 FPS(Frames per Second) 등을 설정할 수 있다.

7. Customization: 사용자 설정. 렌더링 이미지 위에 회사의 로고나 문구를 바꿀 수 있으며, 엔스케이프 로딩 화면과 실시간 렌더링 창의 창 이름을 바꿀 수 있다. 4번 Input 탭과 같이 자주 사용하지 않는 편이다.

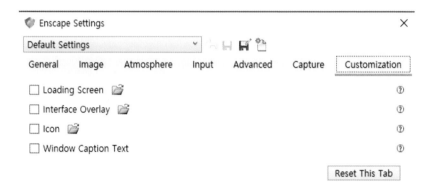

8. Settings: 저장 및 기본설정 변환 메뉴. Enscape Settings 창의 최상단에 있는 메뉴 창은 엔스케이프 사용자 설정을 저장할 수 있으며, 1개의 프로젝트, 혹은 다수의 프로젝트별로 렌더링 값을 저장하고 열 수 있다. 설정 값들은 내 문서 폴더(C:\Users\사용자이름\Documents\Enscape\Settings)에서 찾을 수 있으며, 다른 컴퓨터와 공유하여 렌더값을 유지할 수 있다. 또한, 엔스케이프 설정 값들은 디자인 모델링 프로그램 4인방(스케치업, 라이노, 레빗, 아키캐드) 사이에서 경계 없이 사용할 수 있다.

엔스케이프 렌더링 설정 값들이 저장된 폴더의 모습. 프로젝트별 혹은 상황별 다른 분위기를 연출하기 위해서는 반드시 필요한 기능이다.

02 Enscape Capture: 렌더링 저장을 단축키화하자!

아래와 같은 방법들로 우리는 엔스케이프 렌더링마저도 단축키화해 순식간에 이미지를 저장할 수 있다. Safe Frame을 사용하여 이미지의 화질(Resolution)에 따른 비율을 확인할 수 있으므로 항상 사용하는 것을 권장한다.

엔스케이프를 사용하다 보면 생각보다 자주 렌더를 하게 된다.
그럴 경우 Ctrl+~으로 hotkey 설정을 해 둔다면 빠르게 렌더 스크린샷을 할 수 있다.

03 FPS 게임 같은 화면 조작법

배틀그라운드를 해 봤는가? 배그는 현재 세계적 게임이 된 만큼 정말 대단한 인기를 얻고 있다. 필자는 배틀그라운드를 안 해 봤다. 하하하. 하지만 카운터 스트라이크는 즐겨 했던 기억이 있다. First Person Shooting Game 이라는 방식의 일인칭 슈팅 액션 게임들의 공통점은 하나같다. 비슷한 키 배열, 전후좌우 버튼을 WSAD를 사용하며 마우스로 바라보는 시점을 움직이게 된다. 엔스케이프 개발자도 FPS 게임을 좋아하는지 이를 채택했다. 여러분은 게임 속 달리기 실력을 리얼타임 렌더링 환경 속에서 뽐낼 수 있게 됐다.

요즘 핫한 게임, PUBG 배틀그라운드. (출처: https://www.pubg.com/ko/)

주로 FPS 게임들의 전후좌우 움직임은 WASD 키를 이용한다.

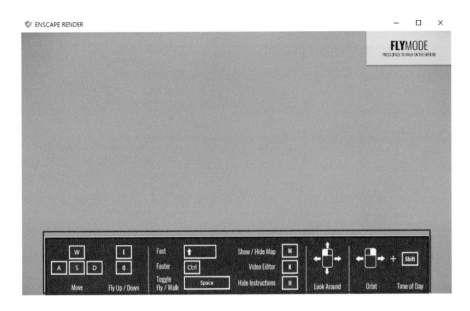

화면 조작법은 비교적 간단하다. 엔스케이프를 실행시키면 화면 하단부에 간단한 사용 설명서가 나온다. 내용은 아래와 같다.

WASD: 수평적으로 전후좌우 이동
EQ: 수직으로 상하 이동
이동하며 Shift 키 누름: 빠르게 이동
이동하며 Ctrl 키 누름: 더 빠르게 이동
이동하며 Shift 키랑 Ctrl 키 동시에 누름: 가장 빠르게 움직임
SPACE 바: 사람 눈높이로 평지 위를 걸어 다니는 기능이다. 계단이나 경사면도 오르고, WALK MODE에서는 벽이나 난간을 뚫고 지나가지 못한다.
M: 키맵을 켜 준다. 이는 자동으로 엔스케이프에서 만들어 주며 편리하게 자신의 위치를 평면상에서 볼 수 있다.
K: 비디오 편집모드. 비디오 프레임을 저장하거나 수정할 수 있으며, 비디오 렌더링을 위한 모든 설정 화면이 켜진다.
H: 하단에 있는 메뉴 아이콘을 숨길 수 있다.
U / I: 시간을 조절할 수 있다. 햇빛이 이에 따라 움직여, 낮과 밤을 오갈 수 있으며 그림자를 빠르게 조절할 수 있다. 세부 조정을 위해서는 Shift를 누른 채 마우스 오른쪽 클릭 후 좌우 드래그하면 된다.
마우스 왼쪽 클릭 후 드래그: 시선의 방향을 움직일 수 있다.
마우스 오른쪽 클릭 후 드래그: 물체를 잡고 그 중심으로 회전한다.
마우스 왼쪽 더블클릭: 순식간에 더블클릭하는 물체 근처로 날아간다.
마우스 휠: ZOOM IN / ZOOM OUT
마우스 휠 클릭 후 이동: 평면적으로 PAN할 수 있다.

04 엔스케이프 렌더링 실행 화면을 항상 위에 두자!

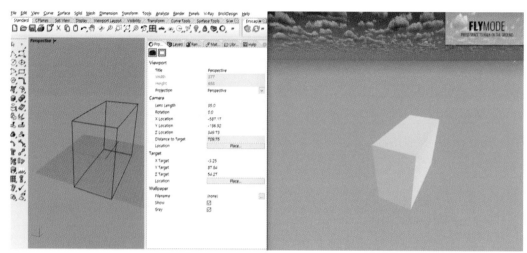

작은 화면 사용자에겐 불편함이 있는 엔스케이프 실행 화면.

엔스케이프 렌더링 창을 사용하다 보면 간혹 느끼게 되는 불편함이 있다. 바로 엔스케프 실행 화면이 라이노나 스케치업 실행 화면 아래로 내려간다는 점. 특히 2개 이상의 모니터를 사용하는 듀얼 모니터 사용자가 아닌 단일 화면에서 작업하는 사용자에겐 어지간히 신경 쓰이는 일이 아니다. 모델링 화면과 엔스케이프 간의 뷰 싱크로를 했지만, 작은 화면의 노트북 사용자라면 사실상 사용하기 쉽지 않은 기능이다. 필자 또한 13인치의 작은 노트북을 사용하므로, 윈도우 화면 간 전환하는 사이에서 엔스케이프 실행 화면이 계속해서 라이노 창 아래로 내려가는 불편함을 겪었다. 그러던 차에 지정된 프로그램 화면을 항상 위에 두는 방법이 없을까 고민하다가 DeskPin이라는 고정창 소프트웨어를 찾게 되었다.

엔스케이프가 개발된 지 불과 2년밖에 되지 않았다는 사실을 감안하고, 매번의 업데이트를 통해 더더욱 강력한 툴로 변화하는 것을 확인한 만큼, 필자는 조만간 엔스케이프가 이런 문제점들을 개선하지 않을까 기대해 본다.

05 DESKPIN 설치하기

DeskPin 설치는 간단하며 무료 소프트웨어다. 필자는 다양한 프로그램들을 사용해 봤지만 DeskPin이 그중 가장 단순하고 직관적이라 쓰기 편했다. 어떤 프로그램 실행 창에도 적용 가능하며, 적용 시 웬만해서는 위에서 내려오지 않는다.

DeskPin 엔스케이프 고정창 프로그램
링크: https://deskpins.ko.softonic.com/download

DeskPin은 무료 소프트웨어다.

.zip 압축 파일을 열게 되면 setup 파일을 실행시킬 수 있다.

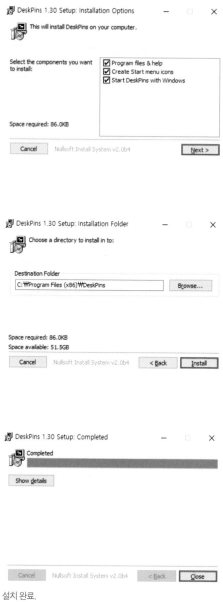

설치 완료.

06 DESKPIN 실행하기

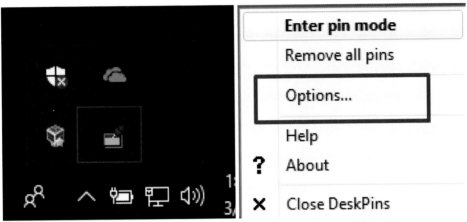

DeskPin은 보통 윈도우 오른쪽 하단에 있는 숨겨진 아이콘에 있다. 옵션 창을 열어 사용에 대한 세부 설정이 가능하다.

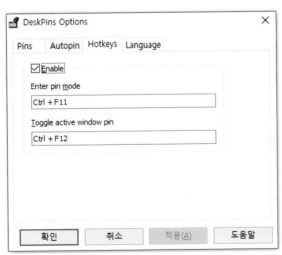

Hotkeys 메뉴탭을 통해 DeskPin의 빠른 실행이 가능하다.

기본 키보드 단축키로 쉽고 빠르게 DeskPin을 사용하는 윈도우 창에 적용할 수 있다(Ctrl+F12).

엔스케이프 실행 화면에서 Ctrl+F12를 누르면 오른쪽 상단에 빨간색 핀 아이콘이 생긴다.

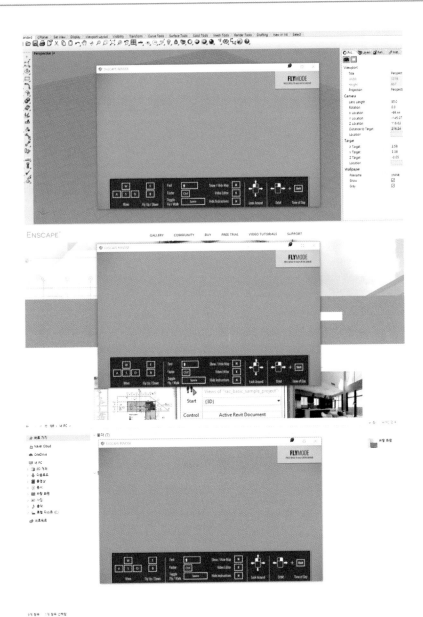

어떤 방법으로도 더 이상 내려가지 않는 엔스케이프 실행 창. (단 Window키+D를 누르면 바탕화면으로 강제 전환된다.)

01 엔스케이프와 친구들

앞서 언급했듯이 엔스케이프는 현재 건축디자인 모델링 소프트웨어 대표 4인방에 플러그 형식으로 사용할 수 있다. 그중 한국 건축 설계 실무에서 가장 사용자가 많은 3가지 소프트웨어를 심층 분석하여 엔스케이프의 숨은 기능들을 알아보고자 한다. Sketchup, Revit, 그리고 Rhinoceros가 분석 대상이며, 다음에는 라이노의 유기적 디자인 방법을 사용해 디자인 프로젝트를 함께 진행하고자 한다.

ArchiCAD를 주로 사용하는 독자들은 실망하지 말라. 엔스케이프는 모든 소프트웨어에 같은 기능과 사용성, 결과물에 대한 품질이 적용되기 때문에 이 책을 통해 그 어떤 디자인 툴에도 제약받지 않고 같은 방식으로 작업이 가능할 것이다. (물론, 소프트웨어별 인터페이스 때문에 약간의 차이는 존재한다.)

그렇다면 이 3가지 디자인 소프트웨어의 주된 기능, 장단점에 관한 이야기를 나누며, 엔스케이프가 할 수 있는 능력을 구경해 보자.

02 GOOGLE SKETCHUP + ENSCAPE 3D

국민 모델링 툴로 불리는 Google Sketchup 소프트웨어는 이전에 없던 삼차원 모델링 기법을 획기적으로 쉽고 간편하게 대중에게 제공되었다. 2000년 구글사에서 개발한 이 모델링 툴은 기본적으로 무료이며, 사용자의 전문성에 따라 라이선스 비용이 존재하지만, 사용 면에서 그 어떤 디자인 소프트웨어보다 직관적이며 간편하다. 심지어 이와 쉽게 연동되는 3D Warehouse라는 라이브러리의 확장성 때문에 다양한 가구와 소품들을 쉽게 넣을 수 있다. 현재 우리나라 많은 건축 설계 현상설계 지침에서 스케치업 모델링 파일을 제공해야 할 정도로 대중화되어 있는 상태다.

국민 모델링 툴임에도 불구하고 스케치업은 몇 가지 단점이 있다. 바로 직선적인 Polygon 모델링 툴이기 때문에 자유로운 곡선과 형태를 만들기 어렵다. 또한, 스케치업은 AutoCAD나 Rhinoceros와 같이 Command 명령어를 사용하는 모델링 인터페이스가 아니라서, 버튼과 제한적인 단축키들로만 작업이 가능하여 단순한 반복작업이 많아지는 불편함이 존재한다. 이런 단점들을 고안한 스케치업 유저들은 다양한 Plug-in 및 Ruby 등을 개발하여 공유하고 있다.

03 AUTODESK REVIT + ENSCAPE 3D

BIM(Building Information Modeling)의 세계적 기준이 된 오토데스크사의 레빗은 지난 10년간 건축 설계 및 건설하는 방식을 혁신적으로 바꾸고 있다. 2D 평면을 그리면 입체적인 모델링을 동시에 만들 수 있으며, 건설에 필요한 재료 산정과 구조 시스템을 통합적으로 설계할 수 있다. 더 나아가 전기, 수도, 가스, 설비 등 건물의 시스템을 구체적으로 설계할 수 있으며, 다양한 건축설비(Components)를 Family를 통해 변형, 효율적 운영을 할 수 있다. 레빗은 설계 이후 시공에도 효율적이며 준공 후 유지관리에도 적합한 프로그램이다. 말 그대로 레빗은 건축설계 작업을 위한 All-in-one 프로그램으로 무궁무진한 개발과 3차 산업혁명의 정보화시대의 대표적 건축산업의 기술혁명이라고 할 수 있다.

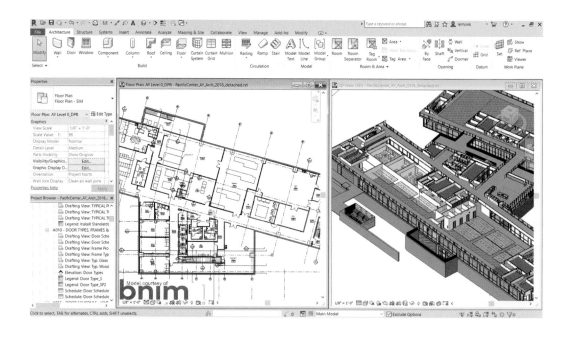

그런데도 레빗의 소프트웨어의 단점은 아직까지 보급화되어 있지 않다는 것이다. 많은 정보량 때문에 체계적 교육이 어렵고, 소프트웨어의 가격 또한 비싸다. 아직 미국, 호주, 유럽 등에서만 많이 대중화되었으며, 대한민국 또한 아직까진 AutoCAD에 많은 도면 작업을 시행하고 있다. 라이노의 Grasshopper 알고리즘 디자인 툴이 존재하듯, 레빗 또한 Dynamo라는 수학적 알고리즘을 사용하는 Parametric Design Plugin이 존재하지만, 아직은 보편화되지 못했다.

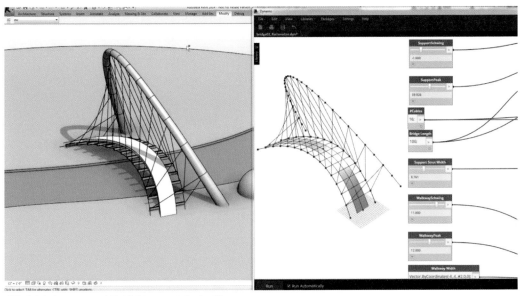

레빗 다이나모(Revit Dynamo)를 사용한 Parametric Design 기능.

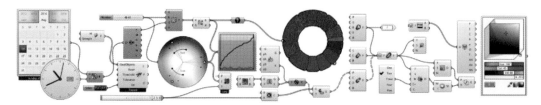

라이노는 건축디자인, 산업디자인, 보석 디자인 등 다양한 전문 분야에서 사용되고 있는 통합 디자인 모델링 소프트웨어다. 라이노는 점, 선, 면, 입체면 등 다양한 Geometry, 기하학적 표현을 자유롭게 표현할 수 있는 가장 효율적인 도구다. 그만큼 다양한 기능과 메뉴, 커스터마이징이 가능하며, 나아가 Grasshopper과 Rhinoscript 라는 컴퓨터 언어인 코딩 알고리즘을 디자인에 접목해 상상하지 못했던 디자인의 가능성을 열어 준 소프트웨어다. 기존의 Polygon Mesh 방식의 모델링이 아닌 자체적으로 개발한 Nurbs 모델링 기법으로 라이노는 곡면 디자인 표현의 가능성이 크다는 특징이 있다. 현재 세계적인 건축디자인 사무실들은 라이노를 대표적 디자인 모델링 툴로 사용하고 있으며, Concept Design에 많은 비중을 차지하고 있다.

Rhino Grasshopper로 디자인 제작된 Parametric Dress.

많은 장점을 가진 라이노에도 치명적인 단점이 존재한다. 이는 바로 직관적이지 않은 viewport 화면이다. 렌더링하지 않는 한 라이노는 별도로 디자인을 표현하고 공유하기가 쉽지 않다. 스케치업에 비해 어려운 사용자 인터페이스도 라이노를 멀리하는 디자이너가 많이 있는 이유다. 라이노를 100% 활용하기엔 많은 시간 투자가 필요하며, 작업 효율을 높이기 위해서는 숨겨진 수천 가지의 기능을 일일이 탐구해야만 한다.

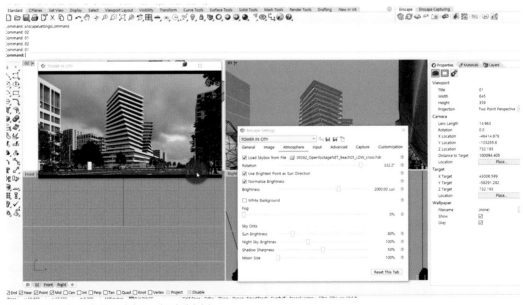

엔스케이프는 라이노의 단점을 보완해 주는 최고의 대안이다.

01 뷰포트 설정하기 Viewport Setup

디스플레이를 설정하는 Display 라이노 탭 창.

라이노를 사용하다 보면 Wireframe, Shaded, Ghosted, Rendered 등 다양한 화면 전환을 사용할 때가 있다. 물체를 선으로만 확인할 때, 면을 봐야 할 때, 재료가 입혀진 모습을 봐야 할 때 등 사용 용도에 따라 빠른 화면 전환이 필요하다. 뷰포트의 전환을 통해 보이지 않은 물체들을 찾을 때도 사용되지만 선택하는 방법이 달라지기도 한다. 가령, Shaded 뷰포트일 경우엔 면 선택이 가능하다. 이에 비해 Wireframe 뷰포트일 경우에는 모서리 선을 선택해야 하므로, 세부적인 선택이 가능하다.

참고로 다양한 Geometry가 많아져 용량이 커진 디자인 파일일 경우, Rendered View나 Ghosted View의 사용은 메쉬(Mesh) 렌더링 속도가 느려질 수 있다. 최종 렌더 이전에 물체들의 개체 수가 너무 많으면 최대한 Wireframe View를 사용하는 것이 컴퓨터 성능 과부하를 막아 주는 방법이다.

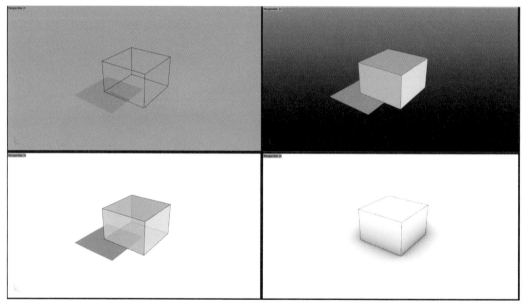

사용자 커스터마이징을 통해 배경 색깔을 사용자 입맛에 맞춰 바꿀 수 있다. 왼쪽 위부터 시계방향으로 필자가 사용하는 Wireframe, Shaded, Rendered, Ghosted 뷰포트 모드.

물체 선택 시, 마우스 드래그를 왼쪽에서 오른쪽으로 (상하 관계는 상관없다) 할 경우는 Windows selection이므로 드래그 사각형 내부에 물체들이 100% 포함되어야 한다면, 마우스 드래그를 오른쪽에서 왼쪽으로 해서 Crossing Selection으로 교차하는 모든 물체를 선택한다. 이런 선택 과정은 아래의 그림처럼 물체의 내부에 있는 물체들이 시각적으로 보일 때만 가능하므로 Viewport는 디자인 작업 능률에 필수 요소다.

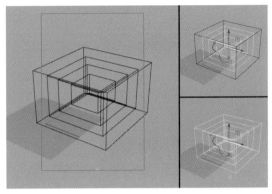

왼쪽같이 사각형 안의 물체를 선택할 경우, 좌에서 우로 선택할 경우 위쪽 결과가, 우에서 좌로 선택할 때는 아래쪽 결과가 나온다.

뷰포트의 전환은 모든 라이노 작업 창 왼쪽 위에 나오는 뷰 네임(예를 들어 Perspective, Top, Right)에 마우스 오른쪽 클릭을 하면 저장된 뷰포트를 전환할 수 있게 된다. 또한, 키보드 단축키로 뷰포트를 빠르게 전환할 수 있는데, 대표적인 키보드 단축키는 Ctrl+Alt+W(Wireframe), Ctrl+Alt+S(Shaded), Ctrl+Alt+G(Ghosted), Ctrl+Alt+R(Rendered) 등이다.

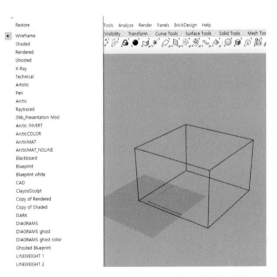

필자가 사용하는 다양한 커스텀 뷰포트. 너무 많아져서 정리가 필요하다!

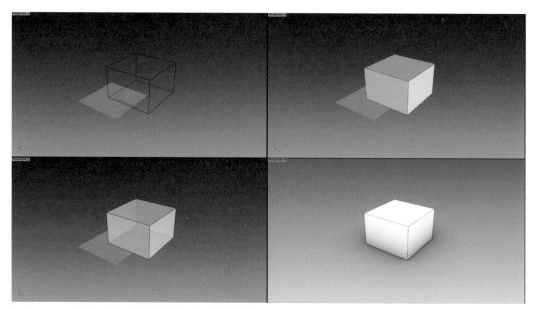

Gradient View 그라디엔트 뷰는 라이노가 제공하는 기본적 대안 바탕 색깔이다. 이는 Gradient View 명령어로 바꿀 수 있지만,
색상은 아쉽게도 커스터마이징이 불가능하다.

라이노 설정(Rhino Options)에서 View 〉 Display Modes를 통해서 사용자는 다양한 색상과 물체가 보이는 선
두께, 투명도 등을 조절할 수 있다. 그중 가장 기본이 되는 것이 Viewport Settings 중 Background Color다.

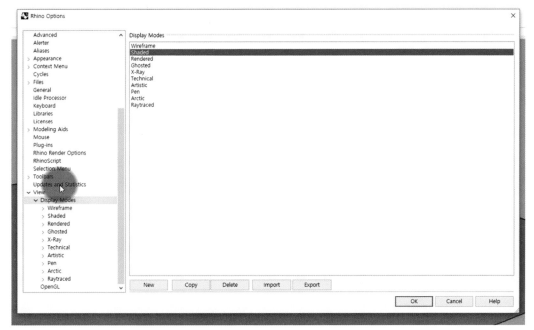

Rhino Option이 위치한 Standard 탭.

옵션 창을 열기 위한 라이노 버튼.

사용자 지정 디스플레이 환경을 새로 만들거나 지울 수 있으며, 내보내기, 불러오기로 다른 사람과 공유도 가능하다.

02 CUSTOM VIEWPORT:
지정된 재료를 볼 수 있는 **VIEWPORT**를 만들어 보자

스케치업의 최대 장점인 Material Viewport 화면. 직관적이고 단순하게 기본설정이 가능하다.

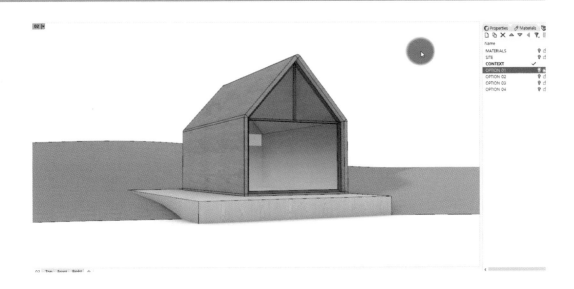

라이노에서도 스케치업과 비슷한 뷰포트를 만들어 사용할 수 있다.

라이노가 스케치업과 다른 점이 있다면 재료를 직관적으로 보기 힘든 뷰포트들이기 때문이다. 라이노 6.0 버전이 나오면서 렌더링 Rendered View가 개선되어 편리해졌지만, 생각보다는 아니다. 필자는 그래서 한두 개의 커스텀 뷰포트를 만들어 건축 재료를 설정할 때 편리하게 사용하고 있다. 라이노상에서 Option 설정 창을 열어 몇 가지 변경만 해 준다면 스케치업 못지않은 작업 화면을 구현할 수 있다.

이번 시간에는 2가지 Display Viewport를 만들어 볼 계획이다. 두 뷰포트 모두 비슷한 이미지를 보이기 때문에 독자는 참고하여 자주 사용할 만한 뷰포트 하나만 제작하여 사용해도 무방하다. 아래에 설명할 2개의 렌더 뷰포트를 만들게 되면 재료를 입히는 과정을 조금 더 직관적이고 편안하게 디자인 모델링을 할 수 있을 것이다.

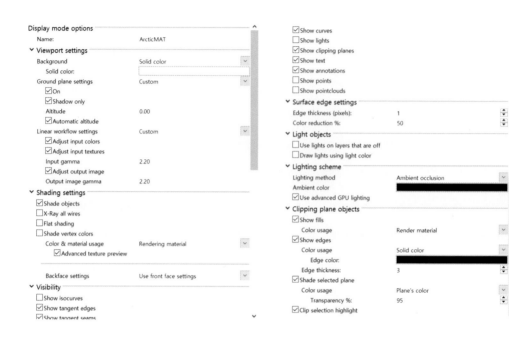

위와 같은 설정으로 뷰포트를 새로 만들어 필자는 "Artic MAT"이라는 이름으로 재료 프리뷰로 사용하고 있다.

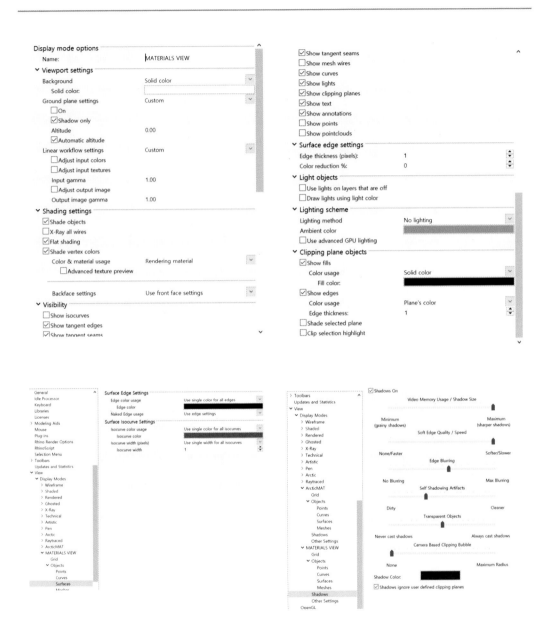

위의 4개 이미지에서 사용한 설정들을 통해 "MATERIALS VIEW"라는 새로운 뷰포트를 만들어 보았다.

"Artic MAT"으로 보는 조감도, 아래의 뷰포트보다 부드러운 그림자(Shading)를 볼 수 있다.

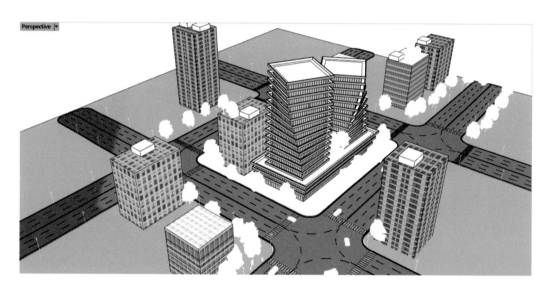

"MATERIALS VIEW" 스케치업과 비슷한 만화 같은 뷰포트다.

"Artic MAT" 사용 화면.

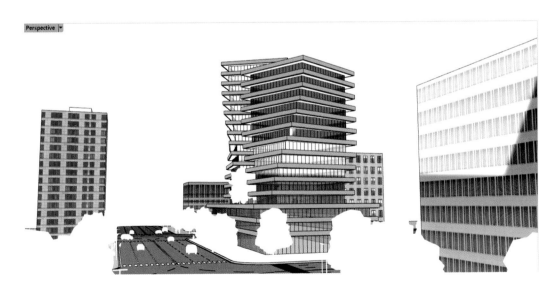

"MATERIALS VIEW" 사용 화면.

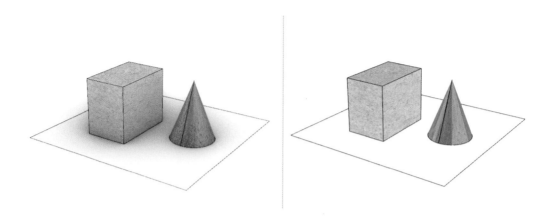

효과가 약간 다른 두 뷰포트의 비교 화면(좌: ArticMAT, 우: Matrials View).

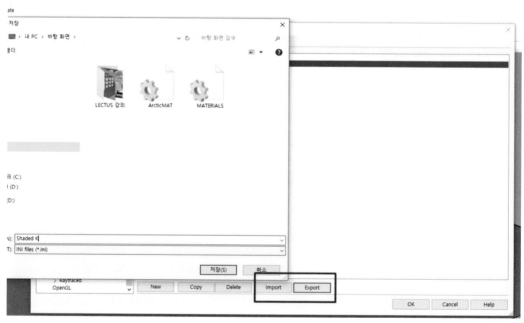

사용자가 즐겨 쓰는 뷰포트는 항상 백업시켜 놓으면 좋다.

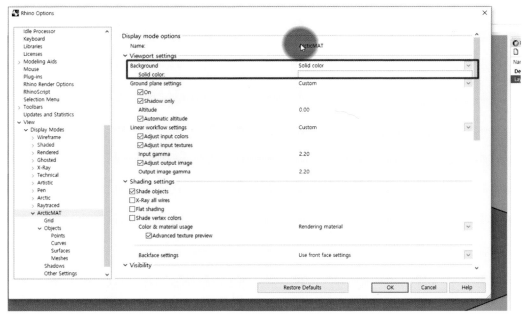

흰색 배경을 원하면 Solid Color 탭에서 흰색을 선택해 주면 된다.

03 카메라 저장하기 Saving Views

Standard ⟩ CPlanes ⟩ Set View ⟩ Display ⟩ Select ⟩ Viewport Layout ⟩ Visibility ⟩ Transform ⟩ Curve Tools ⟩ Surface Tools ⟩ Solid Tools ⟩ Mesh Tools ⟩ Render Tools ⟩ Drafting ⟩ New in V6

카메라와 뷰에 대한 세부적인 조작을 할 수 있는 Set View 라이노 탭.

디자인 모델링 과정과 렌더링 작업 직전에 가장 중요한 것 중 하나가 바로 카메라를 저장하는 것이다. 라이노에서 Named Views라는 패널을 사용해야 한다(Command: NamedView). 한글로는 '명명된 뷰'다.

이곳에서는 저장된 카메라 뷰들을 저장, 업데이트 및 삭제 등 관리가 가능하며, 다른 라이노 프로젝트 파일(.3ds 포맷)들과 뷰를 불러올 수 있다. 가져온 지정된 뷰는 World Cplane 기준점에서 바라보는 좌표 정보를 가져오기 때문에, 디자인 모델 파일의 위치가 다르다면 새로 불러온 뷰는 일치하지 않을 수 있다.

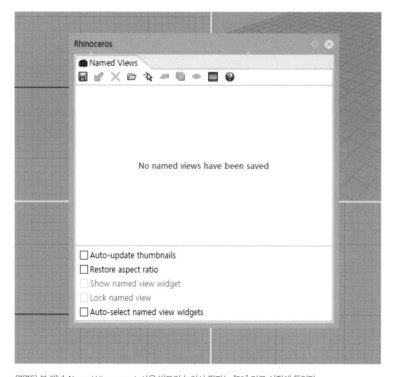

명명된 뷰 패널. Named View panel. 사용 빈도가 높아서 필자는 "F2" 키로 설정해 두었다.

명명된 뷰 패널을 열기 위한
Named View Panel 라이노 버튼.

원하는 카메라 뷰를 저장할 때는 명명된 뷰 패널의 오른쪽 위에 있는 저장 버튼을 누르면 된다. 기본적으로 "Perspective"라는 이름으로 저장되는데, 이름은 사용자가 상황에 따라 변경할 수 있다.

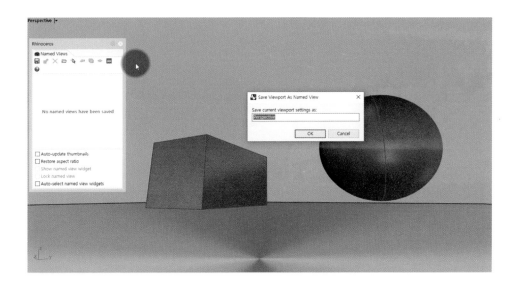

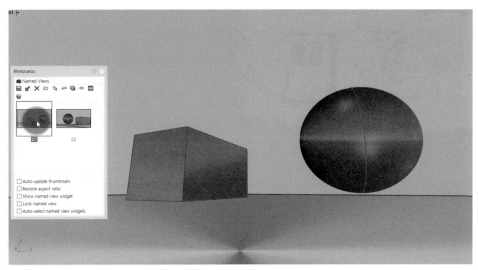

다양한 카메라 뷰를 탐구해 보고 저장을 하게 되면 명명된 뷰 패널에 지정한 이름으로 카메라가 저장된다. 그 뷰로 돌아가려면 아이콘을 더블클릭하면 된다.

필자는 주로 "01", "02", "03" 식으로 뷰를 저장한다. 그 이유는 라이노의 숨은 기능인 Command 명령어로 저장된 뮤를 바로 볼 수 있어서다. 작업 중에 지정된 뷰로 돌아가고 싶을 때 군이 명명된 뷰 패널을 열어서 아이콘을 더블클릭할 이유 없이, 명령어 창에 "01" 혹은 "02"를 쳐서 바로 지정된 화면으로 돌아갈 수 있어서 편리하다. 저장된 카메라 뷰 사이 빠른 전환을 통해 상황에 따라 디자인 디테일 작업량을 조절할 수 있다!

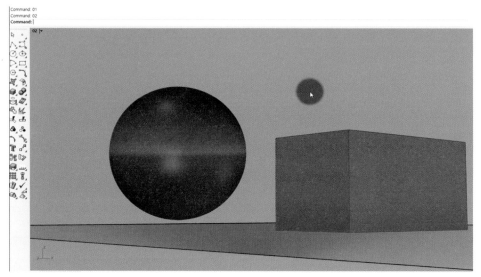

명령어 (Command: 01) (Command: 02)를 통해 저장된 뷰 사이를 순간적으로 이동할 수 있다.

04 뷰 설정하기: 투시도의 종류와 특징들

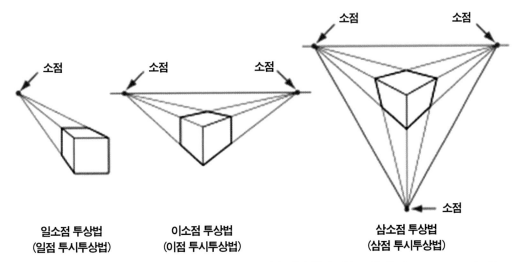

다양한 투시두상법들. (출처: http://blog.daum.net/_blog/BlogTypeView.do?blogid=0abEm&articleno=4&_bloghome_menu=recenttext)

앞서 명명된 뷰를 저장하고 관리하는 걸 알았으면, 이번에는 라이노상에서 다양하게 표현할 수 있는 투시도 (Projection)의 종류와 특징을 간단하게 설명하고자 한다. 투시도의 특징들을 잘 살리면 같은 건물과 공간을 더 넓거나 다이내믹하게 표현할 수 있다. 특히나 거대한 사이즈의 건물을 한 프레임에 담으려면 넓은 시야각의 짧은 렌즈 길이를 사용해야 하는데, 보통 10mm 이하의 초광각 렌즈 길이를 사용하게 되면 지나친 왜곡으로 자칫 부담스러운 이미지가 된다는 점 참고하자.

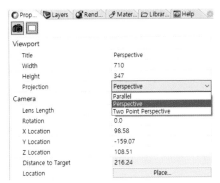

어떤 물체도 선택하지 않았을 경우, Properties 창에서 카메라의 투시 기법(Projection)을 선택할 수 있다.

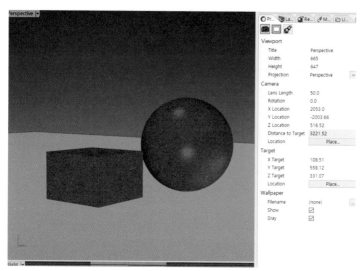

가장 기본적인 Perspective인 50mm 렌즈로 보는 물체들. 가장 현실적인 인간의 시야와 비슷해서 기본 렌즈 길이로 사용된다.

건축 렌더링의 경우 보통은 2점 투시기법인 2 Point Perspective를 사용하는 게 좋다. 그 이유는 수직선들이 곧게 나오기 때문이다. 그러므로 2 Point Perspective에서는 수직적 요소들이 왜곡되지 않는다. 특히나 인테리어 이미지일 경우 2 Point Perspective를 필수적으로 사용한다.

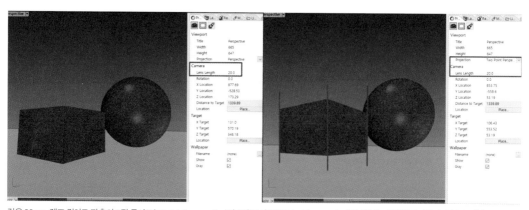

같은 20mm 렌즈 길이로 좌측의 3점 투시도(3 Point Perspective)와 2점 투시도(2 Point Perspective)의 차이는 수직선의 왜곡에서 볼 수 있다.

평행 투시도인 Parallel일 경우 모든 직선이 도면 치수화가 가능하듯 평평한 이미지가 된다. 보통은 렌더링으로 사용하지 않고, Axonometric 다이어그램을 만들 때 주로 사용하는 투시 기법이다. Autodesk Revit 작업 환경은 주로 이와 같은 Parallel Perspective이다.

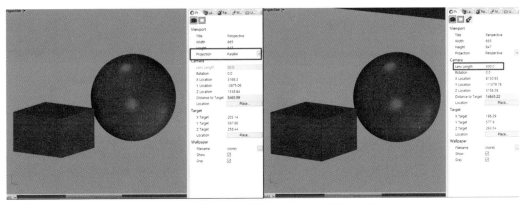

300mm 렌즈 길이의 망원 3초점(Perspective)을 사용한다면 Parallel 평행 투시도와 비슷한 효과를 볼 수 있다.

05 재료 입히기 기초

건축 모델링과 렌더링 사이에 굉장히 중요한 프로세스 중 하나인 재료(Material) 입히기 과정은, 많은 모델링 초보
자들이 어려워하는 작업 중 하나다. 라이노는 스케치업에 비해 재료 설정 과정이 어려우며 직관적이지 않기 때
문에 많은 사용자가 라이노를 불편해하기도 한다. 이번 시간에는 라이노에서 재료를 쉽고 간단하게 적용하는
방법 및 인터넷에서 텍스처 매핑(TEXTURE MAPPING)을 내려받아서 직접 적용하는 방법들을 배워 보자.

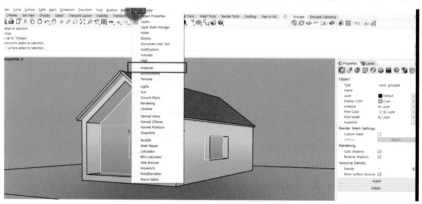

임의의 집 형태의 모델링을 만들어 재료 입히는 방법을 연습해 보고자 한다. 우선 재료 설정 창을 열기 위해
Panel 〉 Materials 메뉴바를 켜 준다.

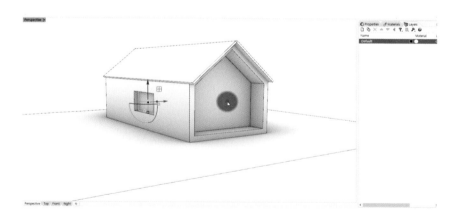

새로 열린 Materials 패널 설정 창. "MATERIALS VIEW" 뷰포트로 보면 현재 어떤 재료도 설정되지 않았다
는 것을 확인할 수 있다. 다만, 창문 유리를 표현하기 위해 색상(COLOR)을 하늘색(CYAN)으로 바꿔 놓았을 뿐이다.

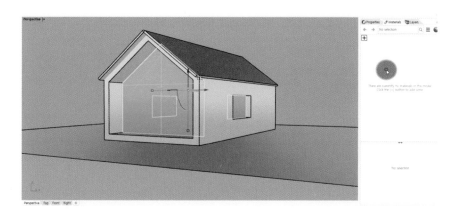

이곳 MATERIALS PANEL에서는 재료를 생성하고 관련된 모든 작업을 할 수 있다. 현재 어떤 재료도 없기에 "+" 버튼을 눌러 새로운 재료를 생성해 보자.

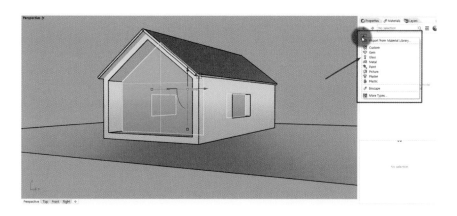

라이노 6부터 다양한 재료 PRESET 선택이 가능한 Rhino Rendering Material Editor. 선택된 창문에 유리 재질을 입히기 위해 "Glass" 재료를 선택한다.

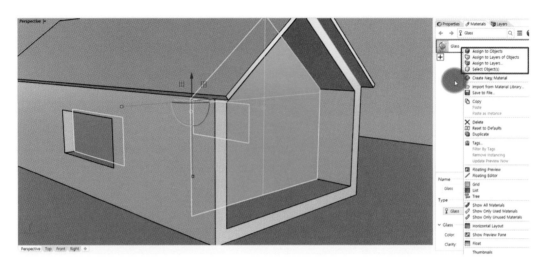

Glass 재료가 새로 만들어졌다. 현재 선택된 물체(Object)에 유리 재료를 적용하기 위해서 재료 아이콘 오른쪽 클릭, Assign to Objects를 해 준다. 재료 적용 방법들은 아래와 같다.

Assign to Objects: 미리 선택된 물체(Object)에 재료를 적용
Assign to Layers of Object: 선택된 물체들의 레이어에 재료를 적용
Assign to Layers: 레이어 이름을 선택하여 재료를 적용
Select Objects: 선택된 재료가 적용된 물체들을 선택

엔스케이프를 실행시켜, Glass 재료가 잘 적용된 것을 확인할 수 있다.

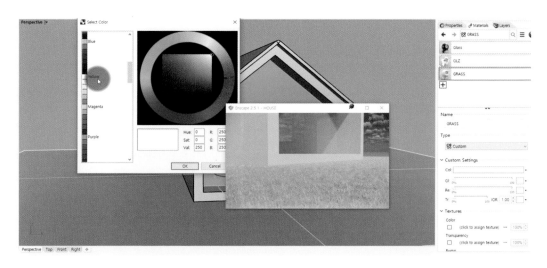

이번에는 "Custom" 유형의 재료를 만들어, 이름을 GRASS로 만들어 준다. 참고로, 엔스케이프에서는 "Grass" "Water" 재료 이름을 자동 감지하여, 입체적인 3D texture mapping을 해 준다. GRASS 재료를 평지에 적용하고 난 후, 엔스케이프로 확인한 잔디의 Fur 표현.

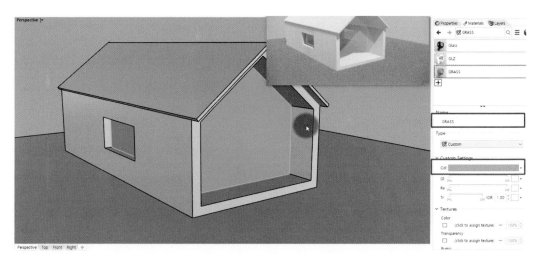

재료 이름에 "Grass"와 Custom Settings의 Color에서 녹색만 지정해 주면 아주 간편하게 녹색 잔디를 입체적으로 표현할 수 있다.

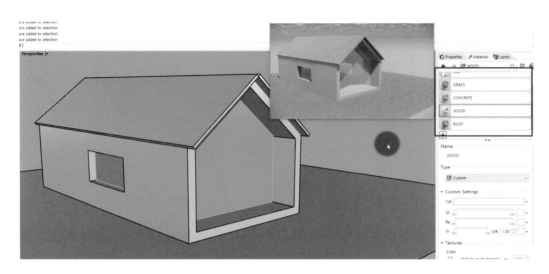

"Concrete" "Wood" "Roof" 등 디자인에 따라 기초 색상으로 Custom 재료들을 만들어 보자.

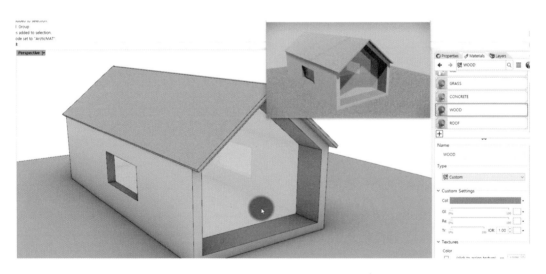

"WOOD" 재료를 만들어 주황색으로 색상을 물들여 놓았다.

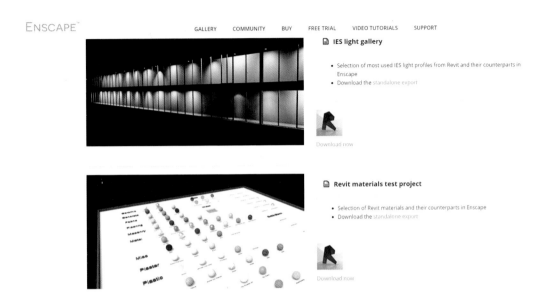

https://enscape3d.com/free-sample-projects/

추가적인 재료들은 엔스케이프 웹사이트를 통해 다운로드가 가능하다.

위 링크를 통해 Revit 및 Sketchup을 위한 Material Sample File이 다운로드 가능하다.

Don't get lost in licensing plans and usage restrictions.

607 public domain PBR textures.
No sign-up. No restrictions.

https://cc0textures.com/

필자가 자주 사용하는 재료 이미지 제공 사이트는 위 링크의 CC0 Textures다. 온라인에서는 재료 소스를 내려받을 수 있는 웹사이트가 상당히 많은데, CC0의 경우는 인터페이스가 간단하고, 회원가입 없이 무료로 600개가 넘는 텍스처 매핑을 검색 및 다운로드를 할 수 있다.

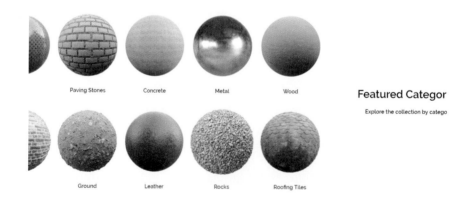

| Paving Stones | Concrete | Metal | Wood |

| Ground | Leather | Rocks | Roofing Tiles |

Featured Categor

Explore the collection by catego

위 링크에 들어가서 스크롤을 내리면 보이는 다양한 재료의 종류들. 이미지 중 하나를 클릭하면 세부 Category로 들어갈 수가 있다.

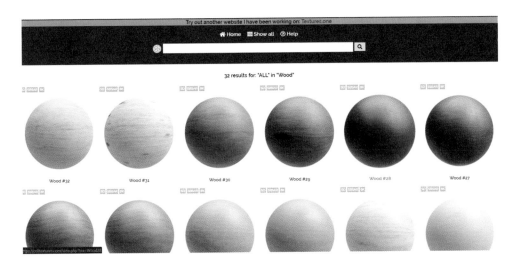

Wood 분류에서 보이는 다양한 목재의 색상 및 질감을 선택할 수 있다.

선택된 세부 재료는 2K, 4K, 8K 화질로 다운로드가 가능하다. 다운로드를 누르면 .zip 파일 형식으로 저장이
되며, texture mapping에 필요한 모든 이미지가 저장된다.

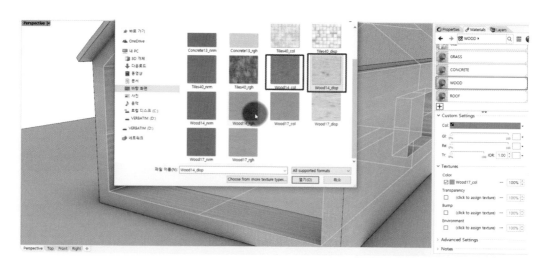

생성된 "WOOD" 재료의 Texture난에 있는 Color에 앞서 내려받은 목재 이미지 (_col)를 불러오면 된다. 또한 (_disp)로 명명된 이미지 파일을 Bump 값에 적용하여 목재의 울퉁불퉁한 표면의 깊이감을 구현해 준다.

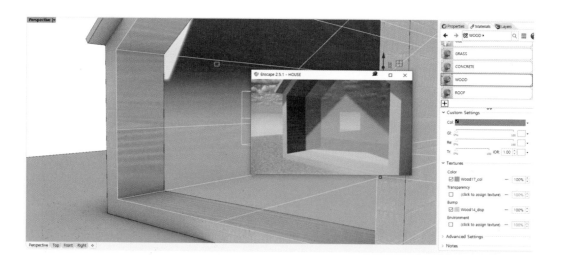

목재 재질이 적용된 "WOOD". 엔스케이프에서 업데이트된 재료를 확인해 보자.

Concrete 블록 표현을 위해 CC0에서 다른 재질을 내려받았다.

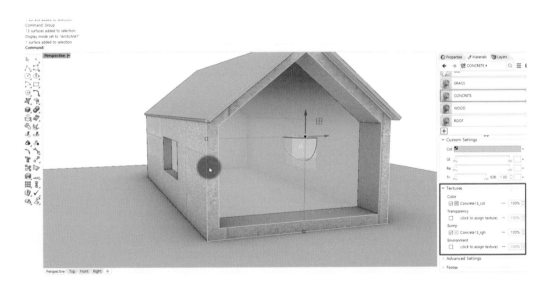

"CONCRETE" 재료에 Texture 부분을 업데이트하면 이와 같은 이미지를 볼 수 있다. 다만, 콘크리트 블록 Texture Mapping 치수가 너무 크게 적용된 것을 볼 수 있어서, Box Mapping으로 재료의 사이즈를 조절할 수 있다.

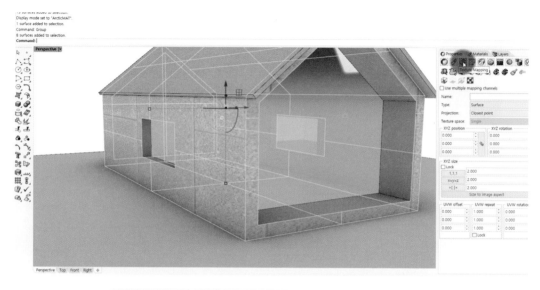

Object Properties 개체 속성에서 세 번째 버튼인 Texture Mapping을 선택한다.

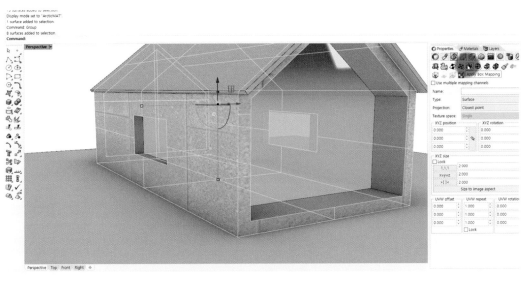

이후 Apply Box Mapping을 눌러 최초의 Surface Mapping의 설정을 덮어씌운다.

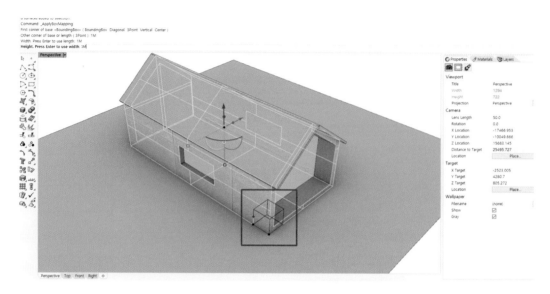

Box Mapping을 선택한 후, 필요한 Reference Point 시작점을 클릭하고 1m×1m×1m가량 크기의 박스 매핑을 제작한다.

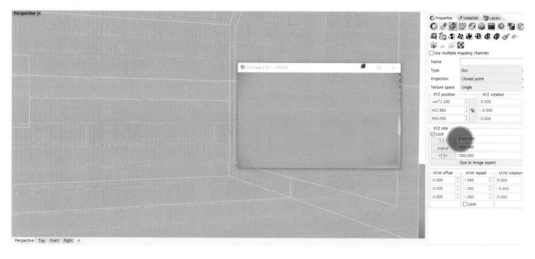

엔스케이프로 확인 가능한 콘크리트 블록 크기의 변화, XYZ size를 조절하면서 매핑 사이즈를 지속해서 변형관리할 수 있다. 다른 물체의 매핑 사이즈는 "Match Mapping"이라는 명령어로 같은 설정으로 동일 적용이 가능하다.

"ROOF" 재료에서는 Texture Bump Mapping을 통해서만 재료를 변형, 기왓장처럼 주황색 루프 타일을 바꿔 보자.

06 재료 입히기 심화: Rhino Macro를 통한 재료의 단축키화

라이노 매크로(Macro)란?

라이노에서 명령어(Command)를 하나의 Script 서술을 해서, 단계적으로 입력하고 선택해야 하는 작업을 1개의 Macro 문장으로 단번에 여러 개의 명령어를 동시에 실행할 수 있는 기술이다. 라이노상에서 "MacroEditor"라는 명령어를 사용하면 위와 같은 형식의 메모장이 열린다. 다양한 명령어들을 순서대로 기술하여, 실행(Play) 버튼을 누르면 자동으로 순차적인 명령어들이 한 번에 진행된다. 무궁무진한 가능성을 지닌 Macro Editor를 통해서 반복적인 작업을 단축키화하자.

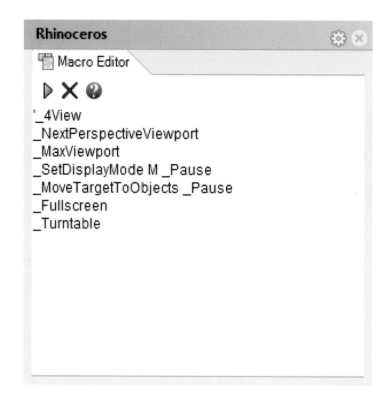

Creating Macros

en   de   es   fr   it   ja   ko   zh   zh-tw

A basic tutorial on creating macros (scripting together Rhino commands)

You can create macros in Rhino to automate many tasks, customize your commands, and improve your workflow.

There may be some confusion about the use of the term "scripting" here. Classically, it describes both the process of writing macros (what this section is about), as well as writing more sophisticated scripts in either RhinoScript or other programming languages.

The two things are actually very different. Writing functions in RhinoScript or other programming languages is a lot more complex than creating macros, and requires some programming knowledge and skills. We don't cover that here.

I use the term "Macro" here exclusively to describe the putting together of strings of ordinary Rhino commands and their options to create an automated function. This is scripting on its simplest levels, and is easily accessible to any ordinary Rhino user, even if they have no knowledge of programming. All You need is a reasonable understanding of Rhino commands and their structure, as well as a logical mind and a taste for a little experimentation and debugging.

The tools you need

Your brain.

The Rhino Help file - lists all Rhino commands and their sub-options. This is your most important reference.

The Rhino **MacroEditor**, to easily run and debug your macros.

You've already used a macro or two...

First, if you are a user of Rhino, you are already a macro user even though you may not know it. Many of the commands in Rhino are already "macroed" for you. When you click a toolbar button or call a command from the menu, it is often a preset macro. To see, Shift+right-click on the button

더 많은 정보를 얻기 위해서는 이 웹사이트를 사용하면 된다(현재 한글 설명서는 아직 제공되지 않는다): https://wiki.mcneel.com/rhino/basicmacros

재료를 입히는 방법의 혁신적인 방법을 적용하여 고효율 작업 생산성을 만들어 보자. 앞서 설명한 재료 설정 방법은 의외로 작업 시간이 요구되어, 재료를 단축키화하여 빠르고 효율적인 디자인 작업을 해 보도록 하자. Rhino Macro를 사용해 단축키 매크로를 만들자.

M	! _Move
MAS	NOECHO -PROPERTIES M O R A "ASPHALT" ENTER ENTER
MB	MappingWidget _Pause _1 _Enter
MC	NOECHO -PROPERTIES M O R A "CONCRETE" ENTER ENTER
MD	NOECHO -PROPERTIES M O R A "DARK" ENTER ENTER
ME	NOECHO -PROPERTIES M O R A "METAL" ENTER ENTER
MG	NOECHO -PROPERTIES M O R A "GRASS" ENTER ENTER
MGR	NOECHO -PROPERTIES M O R A "GRANITE" ENTER ENTER
ML	NOECHO -PROPERTIES M O R A "GLZ" ENTER ENTER
MLI	NOECHO -PROPERTIES M O R A "LIGHT" ENTER ENTER
MMAR	NOECHO -PROPERTIES M O R A "MARBLE" ENTER ENTER
MST	NOECHO -PROPERTIES M O R A "STONE" ENTER ENTER
MT	NOECHO -PROPERTIES M O R A "TIMBER" ENTER ENTER
MW	NOECHO -PROPERTIES M O R A "WOOD" ENTER ENTER
O	! _Ortho

NOECHO -PROPERTIES M O R A "(사용자 재료명)" ENTER ENTER

위에 있는 매크로를 원하는 재료의 이름을 기재하여 편리하게 사용할 단축키를 만든다. "MW"는 "WOOD" 재료를, "MG"는 "GRASS"를 설정하는 식으로 계획하여, 라이노 설정 창(Options)에서 엘리어스(Aliases)를 변경하면 된다. 변경된 엘리어스를 적용하면 앞으로 설정된 단축키를 바로바로 명령어 창에 써넣어 재료를 단숨에 적용할 수 있다.

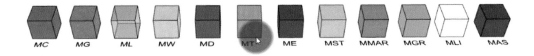

필자가 사용하는 재료 샘플 리스트. 콘크리트부터 잔디, 유리, 목재 등 평소에 자주 사용할 재료들을 미리 설정해 둔다. 설정해 둔 재료 샘플을 독자가 쉽게 찾을 수 있는 폴더에 아래와 같은 이름 "00 MATERIALS SHORTCUT"으로 저장해 두면 좋다. 미리 설정해 둔 라이노 매크로와 저장된 재료 목록을 Import로 불러와서 사용하면 찰떡궁합이다. 각각의 재료 앞에는 단축키 이름을 써 뒀다.

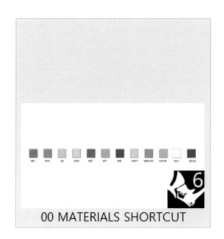

00 MATERIALS SHORTCUT

독자가 원하는 재료들을 제작해서 항상 찾기 쉬운 위치에 저장해 둔다.

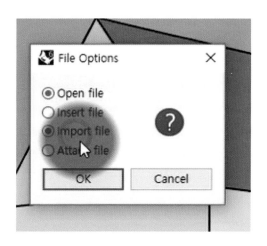

재료 파일을 디자인 파일에 drag & drop을 하고, File Option에서 Import를 눌러 불러오기를 한다.

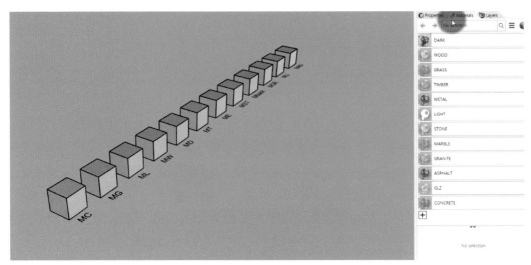

불러오기가 완료되고 Materials Panel에 사용자 지정 재료들이 잘 입력되면 성공이다.

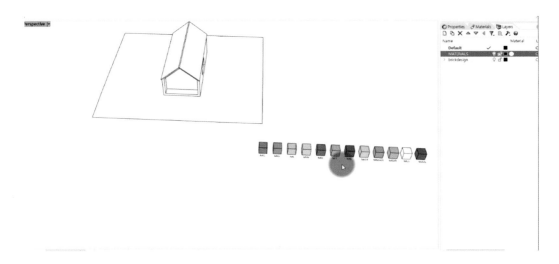

매크로 밑작업이 미리 되어 있으면, 이제는 단축키를 통해 재료를 입힐 수 있다!

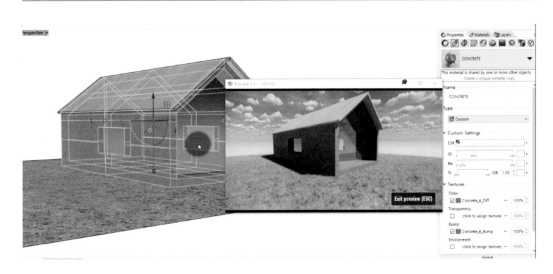

"MC" "MW" "ML" "MG" 등을 사용해서 선택된 물체에 순식간에 콘크리트, 목재, 유리와 잔디 재질을 실시간으로 적용할 수 있게 된다.

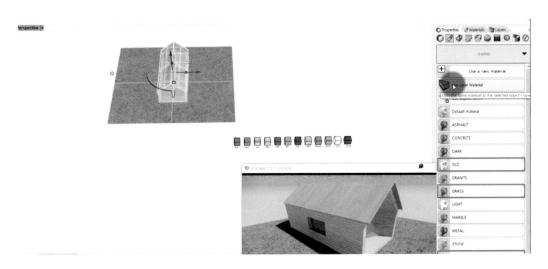

선택한 물체들의 재료들은 MATERIAL PANEL에서 연노란색으로 하이라이트 된다.

2부

엔스케이프 3D
실습 PROJECT

PROJECT 01
숲속의 집 HOUSE IN FOREST

최종 렌더링 결과물.

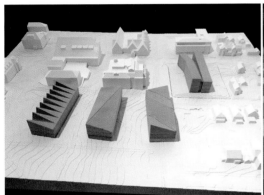

한 부지에 다양한 형태의 건물을 아이소핑크 폼으로 실험하는
PAYETTE 건축사무소. (출처: https://www.payette.com/)

북경 CCTV 본사 건물 형태를 심층 분석하여
여러 가지 가능성을 테스트하는 OMA. (출처: https://oma.eu/)

House on the river bank by Pavel Gabrielyan 렌더링.
(출처: https://www.behance.net/pashag927de6)

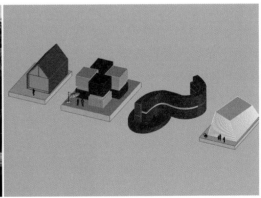

숲속 부지에 4가지 다양한 형태의 집을 빨리 설계하며
실시간으로 렌더링을 할 계획이다.

위와 같은 프로젝트를 제작하기 위해 우리는 먼저 대지를 만들어야 한다.

숲속의 작은 집 한 채가 들어갈 작은 사각형 부지를 만들도록 한다. 집 뒤에는 숲이, 앞에는 조용한 호수가 있을 계획이다.

대략 6,000mm×6,000mm 정도 크기의 사각형 부지를 만들도록 하겠다. 여기엔 건물을 직접 앉힐 것이며, 레이어를 "SITE"로 빨간색을 정하겠다.

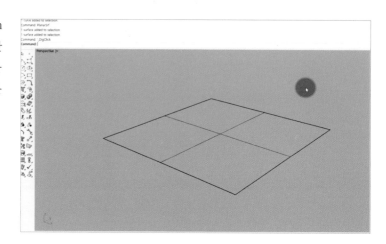

건축 용지를 만들었으면 주변 환경 "CONTEXT"를 조성해보자. 빨간색 건물 대지보다 훨씬 큰 크기의 사각형을 임의로 만들어 Planar Surface로 사각 면을 만들었다.

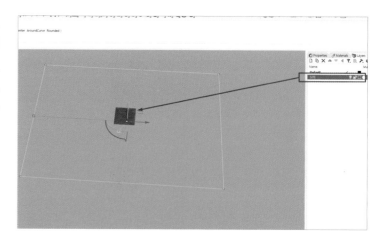

만들어진 사각 면은 새로운 레이어 이름 "CONTEXT"로 지정해 주고, 빨간색 SITE 레이어와 구분이 쉽도록 녹색으로 색상을 바꿔 주겠다. 이후 대지의 자유로운 변형을 위해 Command: Rebuild를 하고 위와 같은 방식으로 UV 개수를 10×10개로, Degree를 3으로 지정해 주자.

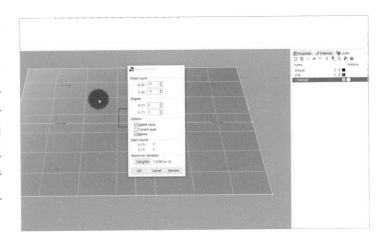

"F10" 키, 혹은 Command: PointsOn를 통해 Rebuild 한 면의 통제 포인트를 켠다. 켜진 통제 포인트들을 자유롭게 움직여서 부드러운 곡면의 배경 언덕을 만들어 보자. 언덕을 만들었다면 집터 앞에 호수를 만들어 주자. 호수는 평평한 면을 만들어 주면 되고, 앞서 만든 울퉁불퉁한 언덕보다 조금 낮은

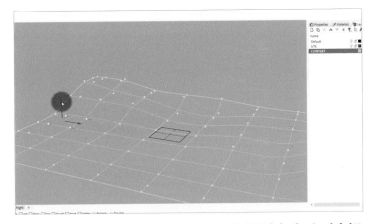

위치에 겹쳐지게 두자. 필자는 물을 쉽게 보기 위해 파란색으로 Object Color를 바꿔 두었다. 새로운 레이어를 만들어 "WATER"로 시작하는 건 독자의 자유에 맡기겠다.

기존 대지보다 낮은 높이의 호수 만들기.
명령어: Rectangle과 Planar Surface를 통해 만들었다.

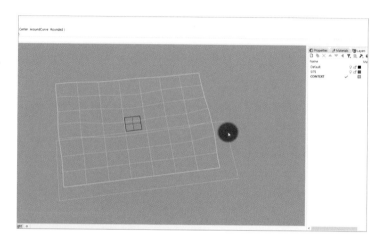

파란색으로 Display Color를 바꾸고 적당하게 호수를 위치시키자.

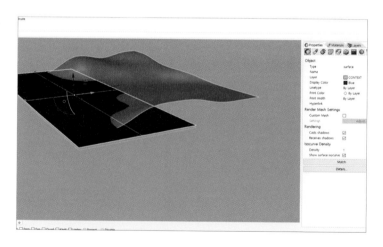

이번 프로젝트에서는 총 4가지
의 다른 형태의 숲속의 집 매싱
을 할 계획이다. 건축 디테일은
간단하게, 독자는 개별적으로
다른 콘셉트의 디자인을 자유
롭게 해도 무관하다.

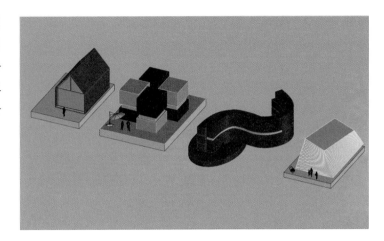

매싱 옵션 1: 기본적 형태의 박
공집 매싱. BOX 명령어로 매싱
을 간단하게 그리고, 삼각형 지
붕을 위에 올렸다. 제작된 매싱
은 "OPTION 01"이라는 레이
어로 지정하였다.

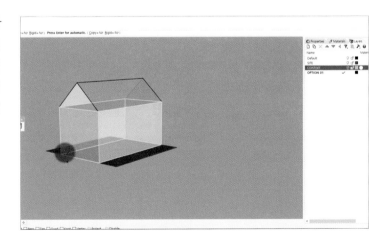

매싱 옵션 2: 4,000mm× 4,000mm×4,000mm 정도 되는 사이즈의 상자를 만들 어 바람개비(pinwheel) 모양으로 중정이 있는 형식의 군집형 디자인을 만들었다. Gumball 로 대략 움직이며 빠른 매싱 디자인을 실험해 보는 과정이 므로 단순하게 위아래 2개씩 총 8개의 사각 박스들을 둬서 매스스터디를 해 보았다.

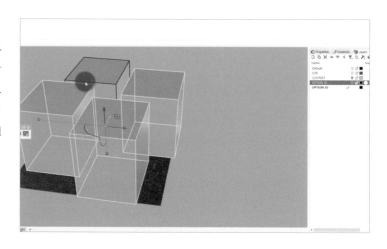

새롭게 제작된 매싱은 "OPTION 02"라는 레이어로 새로 지정하 므로, 첫 번째 디자인과 같은 위 치에서 디자인 전환을 쉽게 할 수 있도록 설정한다. 앞으로 2개 의 옵션도 같은 방식으로 작업 한다.

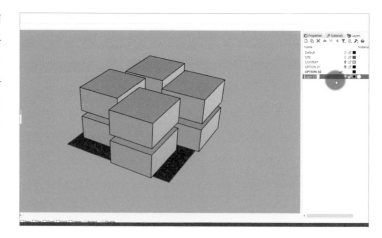

매싱 옵션 3: 앞서 했던 2개의 옵션들은 직선으로 제작했으면 세 번째 디자인 매싱은 곡선으로 만들어 보겠다. CURVE 명령어로 부드러운 평면상의 곡선을 위와 같이 만들어 본다. 형태는 자유롭지만, 빨간색 SITE 의 면적을 너무 넘어서는 크기로는 만들지 않도록 한다.

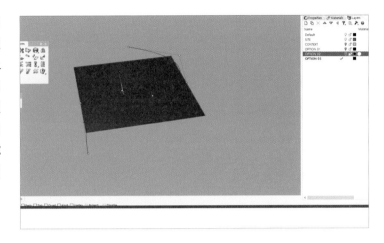

기준 곡선이 만들어졌으면, 두께를 준다. RIBBON이라는 명령어를 사용하여 선을 일정한 두께로 면을 만들 수 있다. RIBBON 명령어 세부 설정으로 "BOTHSIDES"를 선택하고, "THROUGH POINT"를 선택하여 자유롭게 두께를 변형하면서 최적의 두께를 조절할 수 있다.

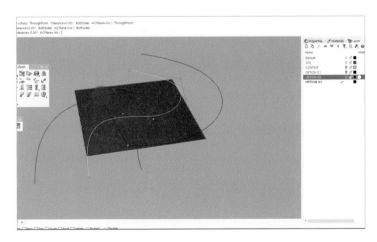

Command: _Ribbon
Side to offset (Distance=5101.42 Loose=No Corner=Sharp ThroughPoint Tolerance=0.01 BothSides InCPlane=No): |

면이 만들어졌으면 EXTRUDE SURFACE 혹은 GUMBALL에 보이는 두께 형성 드래그를 해서 적당한 부피감의 곡선형 매싱을 완료한다.

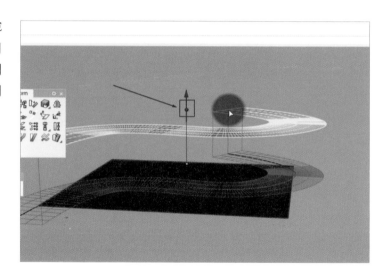

필자는 1개의 매싱으로 아쉬움이 있어 제작된 매싱을 좌측에 복사해 두고 높이를 조절함으로써 매싱의 세분화를 하였다. 제작된 콘셉트 매싱은 "OPTION 03" 레이어로 저장하였다.

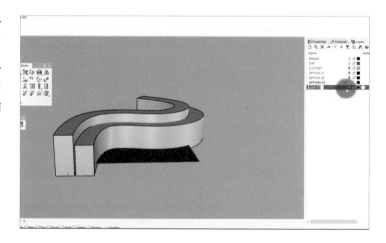

매싱 옵션 4: 이번 매싱 디자인은 조금 더 추상적인 형태로 만들어 보겠다. 변형된 사각형 박스 모형을 CONTOUR이라는 명령어를 통해 겹겹이 쌓여 있는 목재 판들처럼 매싱을 만들어 보자. 우선 건물 사이트 사이즈에 적당한 크기의 박스를 만든다. "OPTION 05"라는 새 레이어에서 작업을 하도록 하자.

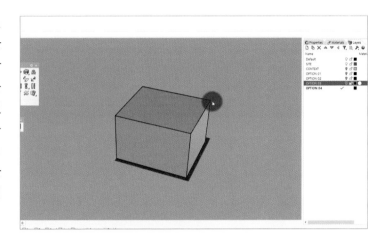

전 단계에서 만든 박스의 윗부분을 GUMBALL로 줄여서 사선으로 줄어드는 피라미드 같은 형태를 만들어 준다. SOLID EXTRUSION의 윗면을 "Ctrl+Shift" 키를 누르고 선택하면 입면체의 세부적 선택이 가능하다. 세부적 선택이 완료된 윗면을 GUMBALL의 SCALE 툴로 면적을 작게 만든다.

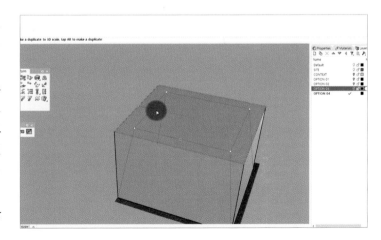

사선으로 부피가 줄어든 윗면의 선택을 그대로 유지한 채, GUMBALL ROTATE를 통해 비스듬하게 TWIST된 매싱을 만들어 보았다. 이로써 매싱의 형태 작업은 마무리하고, CONTOUR 명령어로 일정 간격 단면을 만들어 준다.

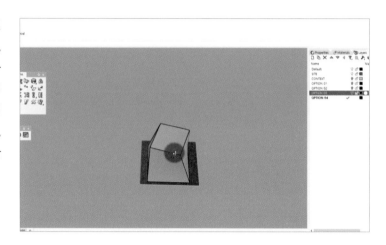

완료된 매싱을 선택한 후 CONTOUR 명령어를 사용해 수직 방향으로 200mm 간격의 들을 만들어 주자. 방향 설정에서는 WORLD Z 방향으로 수직선을 그려 준다.

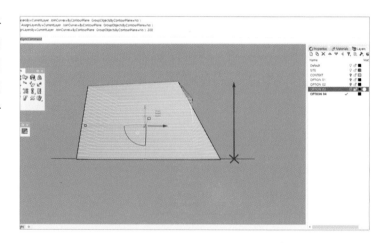

SELLAST 명령어를 사용해서 직전에 제작된 물체들을 선택한 후, 100mm 높이로 제작된 등고선들을 EXTRUDE CURVE 한다. 가능한 SELLAST 및 GROUP 명령어를 자주 사용하면서 제작된 오브젝트들을 그룹시키는 습관을 들이자. 이전에 만들었던 매싱 Geometry는 지워도 무관하다.

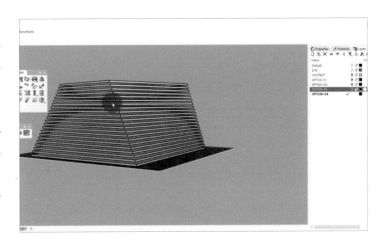

"OPTION 04" 레이어로 저장된 네 번째 디자인 매싱. 이로써, 같은 대지에 총 4가지의 다른 디자인들이 제작 완료되었다.

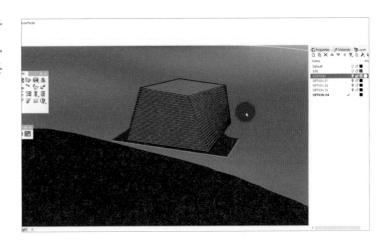

대략적인 매싱 디자인이 완료되었다. 이번 파트에서는 매싱 및 대지에 재료를 입혀 보도록 하자.

"OPTION 01"에서부터 "OPTION 04"까지의 레이어들이 잘 정리되었는지 확인한다. 현재 "SITE" 레이어도 꺼 둔 상태로 엔스케이프를 실행해 보자.

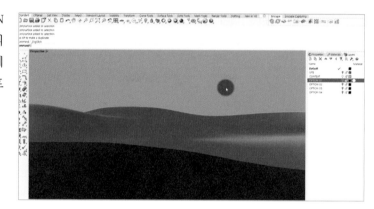

RUN ENSCAPE 버튼을 눌러 엔스케이프를 사용해 보자. 컴퓨터의 성능에 따라 엔스케이프 실행 시간은 차이 날 수 있다.

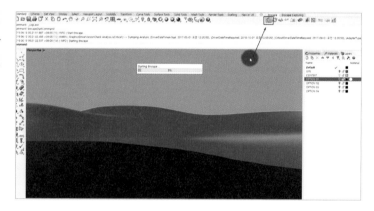

엔스케이프 실행 화면. 현재 "CONTEXT" 레이어 속 대지 및 물 표현이 되지 않고 있다. 모든 물체는 기존의 기본설정인 흰색 재료로 되어 있는 걸 확인할 수 있다.

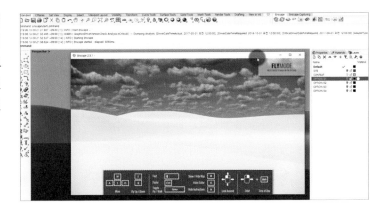

미리 제작된 4개의 옵션 레이어들을 실시간으로 전환해 가며 엔스케이프 렌더링에서 확인할 수 있다. 같은 효과를 위해서는 아래와 같은 방식으로 설정을 해 두면 된다.

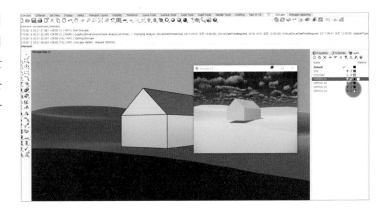

라이브 업데이트가 켜져 있는지 확인하자, 혹시 옵션 레이어별 전환 시 자동 업데이트가 되지 않을 경우 LIVE UPDATE가 DISABLE 된 경우다. 현재 적용 상태는 버튼을 누른 후 명령어 Command 창에서 확인할 수 있다.

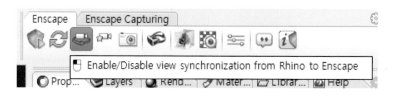

현재 라이노에서 사용하는 뷰와 똑같이 싱크로 하기 위해서는 ENABLE VIEW SYNCHRONIZATION을 활성화하면 된다. 위와 같이 적용 상태는 Command 창에서 확인할 수 있다.

VIEW SYNC를 켜 둔 상황에서는 특히나 DESKPIN 어플리케이션 사용을 권장한다. "Ctrl+F12" 키를 동시에 누르면 위와 같이 엔스케이프 실행 화면에 빨간색 핀셋 아이콘이 뜨는데, 그러면 이제는 엔스케이프 실행 화면이 라이노 실행 화면 아래로 내려가지 않는다.

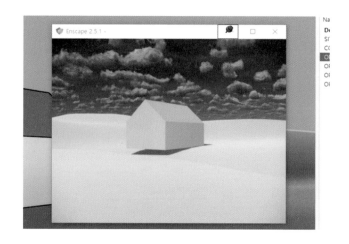

"OPTION 03" 레이어를 실행
한 화면.

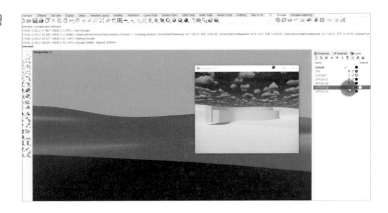

"OPTION 04" 레이어를 실행
한 화면.

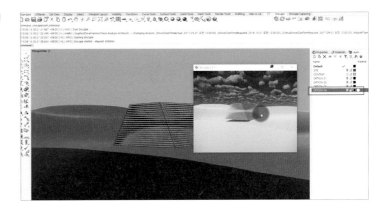

다시 "OPTION 01"로 돌아오면, 현재 ENSCAPE에서는 아무런 재료도 적용되지 않았다는 것을 볼 수 있다.

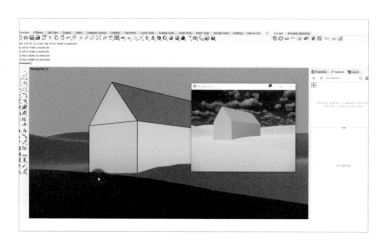

앞서 말한 00 MATERIALS SHORTCUT과 같은 사용자 지정 재료들을 현재 모델링 파일에 IMPORT 해 오면 편리하다. 파일을 라이노 화면에 끌어 오면 File Options 창이 열리며 Import File을 선택할 수도 있다.

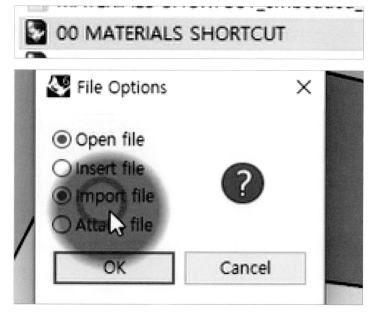

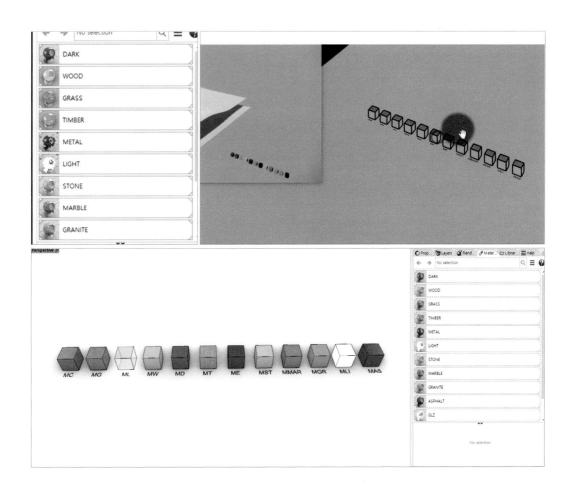

저장된 재료 파일을 불러오면, 위와 같이 사용자 지정 재료들이 MATERIAL PANEL에 불러와진다. 각각 재료의 텍스처 이미지들의 링크가 잘 연결되어 있다면, 현재와 같이 엔스케이프상에서 재료가 잘 입혀져 있는 것을 확인할 수 있다.

MATERIAL 01
물체에 OBJECT 재료 입히는 방법 01

이번 프로젝트에서는 재료를 레이어(LAYER)별로 적용하는 게 아닌, OBJECT 단위로 적용을 해 볼 계획이다. LAYER 별로 재료를 적용하면 통합적인 재료 설정 및 관리가 쉬워지는 장점이 있지만, 디자인 옵션마다 재료에 따른 레이어를 생 성해야 한다는 번거로움이 있다. 그래서 필자는 주로 빠르게 디자인을 해야 하는 상황이라면, 단일 레이어에서 디자인 작 업을 하며, OBJECT ASSIGN으로 간단하게 재료 전환한다.

우선 기본적인 방법으로 오브젝 트 대상으로 재료를 입혀 보자. 오브젝트를 선택하고 Material Panel에서 원하는 재료에 오른 쪽 클릭, "Assign to Objects" 를 선택한다.

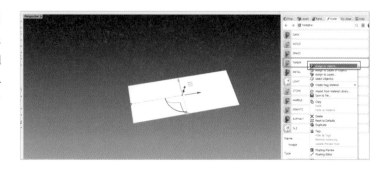

재료가 입혀진 이후 오브젝 트를 선택하면, 위와 같이 "TIMBER" 재료에 노란색으로 하이라이트가 된다. 이로써 재 료가 잘 적용되었다는 것을 확 인할 수 있다.

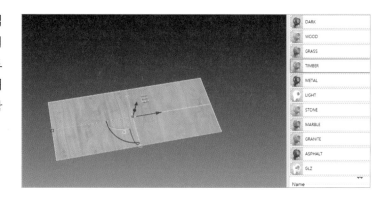

두 번째 방법은 Object Pro-
perties 창에서 Material 탭
에서 선택하는 방법이다. 물체
가 선택되었으면 Properties
Panel에서 왼쪽 두 번째 아이
콘인 Material 설정 탭을 열어
보자.

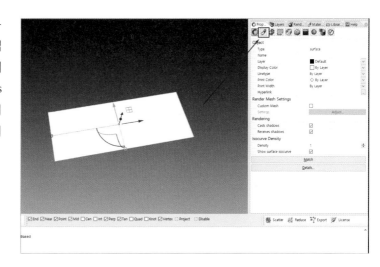

현재는 Use Layer Material
로, 기본적인 흰색 재료로 설정
이 되어 있다. 선택된 물체에 개
별적인 재료를 적용하기 위해서
는 슬라이더 탭을 눌러 원하는
재료를 선택할 수 있다.

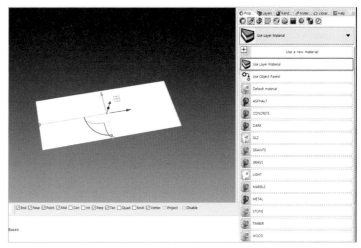

MC	MG	ML	MW	MD	MT	ME	MST	MMAR	MGR	MLI	MAS

MC	NOECHO -PROPERTIES M O R A "CONCRETE" ENTER ENTER
MD	NOECHO -PROPERTIES M O R A "DARK" ENTER ENTER
ME	NOECHO -PROPERTIES M O R A "METAL" ENTER ENTER
MG	NOECHO -PROPERTIES M O R A "GRASS" ENTER ENTER
MGR	NOECHO -PROPERTIES M O R A "GRANITE" ENTER ENTER
ML	NOECHO -PROPERTIES M O R A "GLZ" ENTER ENTER
MLI	NOECHO -PROPERTIES M O R A "LIGHT" ENTER ENTER
MMAR	NOECHO -PROPERTIES M O R A "MARBLE" ENTER ENTER
MST	NOECHO -PROPERTIES M O R A "STONE" ENTER ENTER
MT	NOECHO -PROPERTIES M O R A "TIMBER" ENTER ENTER
MW	NOECHO -PROPERTIES M O R A "WOOD" ENTER ENTER

프로젝트에 앞서 Rhino Macro에 대하여 설명했듯이, 독자가 개별적인 재료를 명령어로 만들 수 있다. 위와 같은 방법으로 Rhino Option 창에서 명명된 재료 이름을 " " 사이에 두고(예시: "GRASS" "WOOD" 등) Aliases를 저장하면, 원하는 재료를 어떤 상황에서든 손쉽게 명령어 단축키로 재료를 적용할 수 있다.

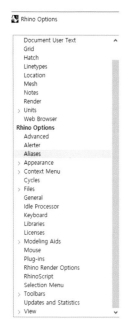

Rhino 6.0에서 설정 가능한 명령어 단축키: Aliases 탭.

가장 먼저, "CONTEXT" 레이어의 녹색 대지에 잔디 자료인 "Grass"를 적용해 보자. 녹색 대지 오브젝트를 선택한 후, 위와 같은 재료 단축키 예시처럼 "MG" 명령어로 기재한다.

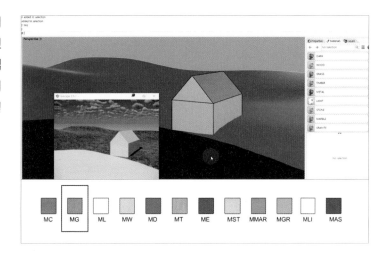

파란색 물 재료는 MATERIAL 창에서 "WATER"을 찾아 적용하면 된다. 만약 물 재료가 없다면, 간단하게 "WATER" 라는 이름으로 재료를 제작해 주면 된다. 엔스케이프에서는 "WATER" 및 "GRASS" 경우 재료명만으로도 쉽게 그 특수 재질을 렌더링으로 표현할 수 있다. 단, "GRASS" 경우 잔디 TEXTURE MAP 이미지를 사용해야 자연스러운 잔디 표현이 가능하다.

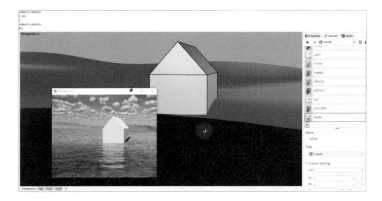

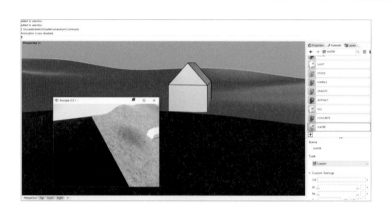

명령어 TRIM 혹은 SPIT을 사용해 녹색 대지를 파란색 수면으로 잘라 내면, 더 깔끔한 호수와 대지의 경계를 만들 수 있다. 이 이미지는 잘라 낸 대지 이후의 렌더링.

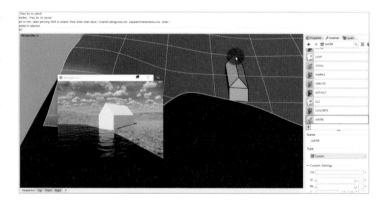

녹지와 물 표현만으로도 충분히 그럴듯한 렌더링 이미지가 만들어졌다.

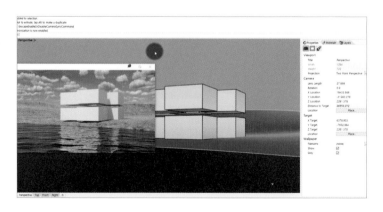

이제는, 기본 디자인이 완성된 매싱에 대리석 재질인 "MARBLE"을 적용해 보겠다. 명령어로는 "MMAR".

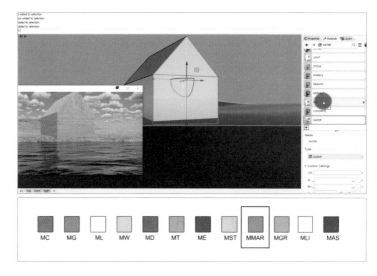

| MC | MG | ML | MW | MD | MT | ME | MST | MMAR | MGR | MLI | MAS |

전체 매싱을 EXPLODE 한 후, 앞에 있는 입면을 대리석 재질이 아닌 유리로 바꿔 보자. 사용자 설정 단축키로는 "ML"이며, "GLZ"(Glazing의 약자)라는 재료명을 선택하여 적용하면 된다.

라이노를 사용하는 여러 사용자가 늘 어려움을 겪었던 것 중 하나가 바로 텍스처 매핑 사이즈 조절이다. 이를 실행하기 위해서는 Object Properties에서 왼쪽 세 번째 아이콘인 "Texture Mapping"을 눌러서 세부 설정을 할 수 있다.

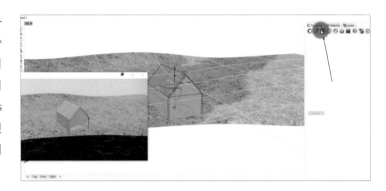

현재는 기본적인 Surface mapping이 적용된 것을 확인할 수 있다. XYZ 사이즈가 모두 같은 2인 것을 확인해서 현재 선택 중인 객체는 2×2×2개수의 매핑이 적용되고 있다는 것을 알 수 있다.

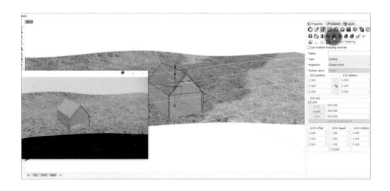

왼쪽에서 다섯 번째에 있는 "Apply Box Mapping"이라는 버튼을 눌러서 사각형 매핑으로 사이즈를 수정하자.

Box Mapping 설정으로는 기준점을 시작해서 일반적으로 1,000mm×1,000mm× 1,000mm (1m×1m×1m)을 기입하면 자연스러운 게 일반적이다. 이후 "MappingWidget" 명령어로 사각형 매핑 크기를 수정할 수 있다. 참고로, mm 단위모델을 사용할 경우, 1미터로 제작하고 싶다면, "1000"을 써넣을 필요 없이, "1m"를 기입해도 된다. (마찬가지로 1km, 1ft, 1mi도 가능하다.)

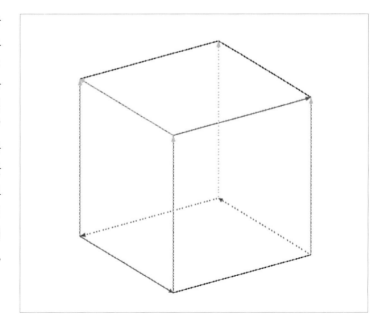

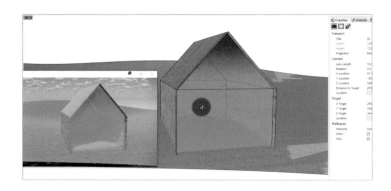

대리석 재질의 외피 또한 같
은 방법으로 "Box Mapping"
을 완료하였다. 만약, 빠르게 박
스 매핑을 다른 물체와 같은 설
정 값으로 적용하고 싶다면 위
와 같이 "Match Mapping"이라
는 기능을 사용하면 된다. 단,
Mapping Channel에 유의할 것.

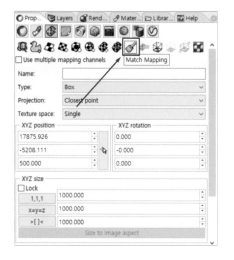

Box Mapping이 완료된 Option
01 건물 매싱과 대지 표현.

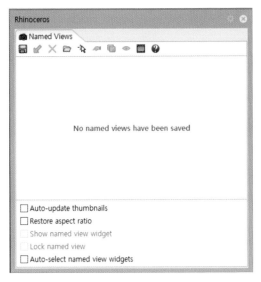

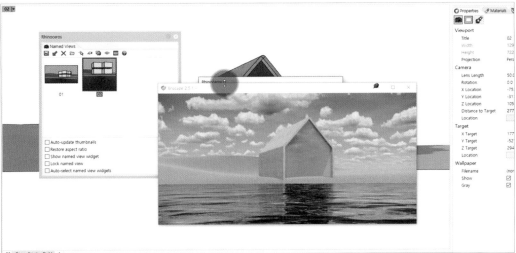

"Command: NamedView" 명령어를 입력하면 위와 같이 명명된 뷰 윈도우가 열린다. 이곳에서는 저장된 카메라 뷰들을 관리할 수 있다. 이번 숲속의 집 프로젝트에서는 "01" "02" 2개의 뷰를 저장해서 배경과 빛, 세부 조정을 할 계획이다.

카메라 뷰 "01". "01" 명령어를
입력하면 바로 저장된 카메라
로 이동할 수 있다. 현재 설정은
Two Point Perspective 2점
투시도로 27mm가량의 렌즈
길이를 사용했고, 수면에 가까
운 높이에 위치하여 건물과 함
께 물에 반사되는 모습도 동시
에 담아 보았다.

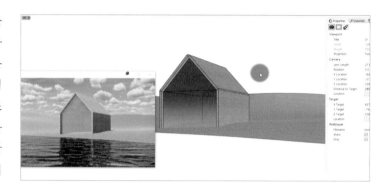

저장된 카메라 뷰 "02". 첫 번째
뷰와 비슷하지만 다른 방향으
로 저장.

이번 프로젝트를 통해 제작해
본 모든 디자인 옵션 레이어들
을 켜 보았다. 각각 사이즈와 형
태가 다르지만, 비슷한 위치에
서 주변 대지와 어떻게 조화를
이루는지를 보는 것이 이번 프
로젝트의 목적이다.

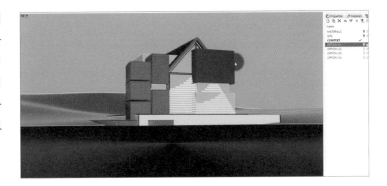

OPTION 01과 OPTION 04
가 겹쳐 있는 모습.

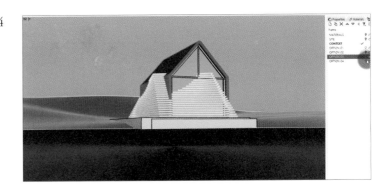

옵션 01에 나무 데크와 간단한
메탈 프레임, 벽체에 두께를 주
었다.

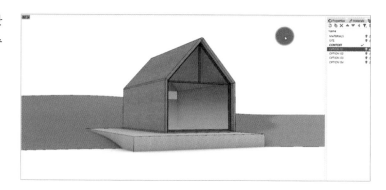

옵션 03에는 매싱을 수직적
으로 조금 더 변형하여 잘게
나눈 형태로, 재료는 화강석
GRANITE 재질로 바꿔 주었
다. 첫 번째 옵션과 같이 전면에
플랫폼을 제작하였다.

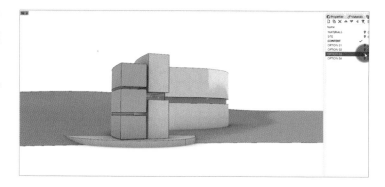

OPTION 04는 다른 세부 작
업 없이 기존 모델에 목재로 재
료 설정했다.

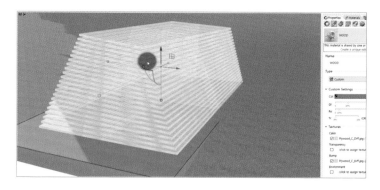

강한 빛과 재료가 조화롭게 보
이는 카메라 뷰 "02".

"02"번과 달리 전면에 그림자가
있어 강한 빛 대비가 있는 "01"
번 카메라 뷰.

엔스케이프에서 입체 잔디 표현을 보기 위해서는 위와 같은 설정 탭이 꼭 체크되어야 한다!

엔스케이프의 여러 가지 장점 중 하나인 Grass(잔디) 렌더 및 Water(물) 렌더에 대해 세부 설정을 알아보자. 최근에 많은 렌더링 소프트웨어에 사용되는 잔디 렌더 같은 경우 Fur Displacement을 사용해서 풍성하고 자연스러운 잔디의 부피감을 표현할 수 있게 되었다. 건축 렌더링 시장을 장악하는 Vray 또한 3.0 버전부터 Fur 제작을 통해 별도의 모델링 작업 없이 실감나는 잔디 표현을 할 수 있게 되었는데, 컴퓨터 사항에

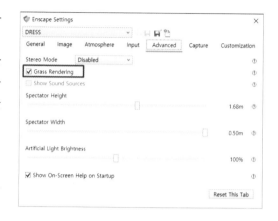

따라 많은 성능 부하가 있다. 엔스케이프는 잔디 표현의 자유로움을 혁신적으로 가볍게 만들었으며, 여타 다른 소프트웨어보다 빠르게 자연의 형태를 재현할 수 있다.

이번 순서에서 잔디의 기본 제작 및 Enscape Material Editor을 사용해 편집 변형하는 방법을 간단하게 설명하겠다.

엔스케이프의 마법은, 재료의 이름에서 "Grass" 혹은 "Water"를 사용하면 자동으로 기본설정으로 재질과 입체감을 구현한다. 단, Grass일 경우, 색상이나 Texture 이미지를 불러와야만 현실감 있는 재료의 느낌을 연출할 수 있다. 다양한 잔디 무늬를 사용하기 위해서는 "Grass 01" "Grass dark" "Grass Pattern" 등 "Grass"라는 영문만 포함하면 같은 fur 표현이 적용되어, 여러 가지 색상의 잔디 구성도 가능하다.

Rhino Rendering 재료 설정에서 2가지 설정을 통해 재료의 기본 색상 및 재질을 변경할 수 있다.

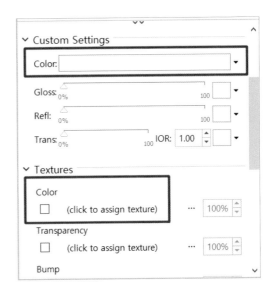

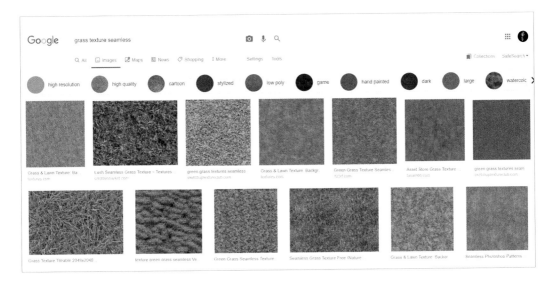

두 번째 박스 안에 있는 "texture"은 구글에서 손쉽게 "grass texture seamless"라는 검색어로 이미지를 내려받고 적용이 가능하다.

Enscape Material을 만들어 준다.

앞서 보여 준 잔디 및 물 재질 표현은 기초적인 방법이었다면, 이번에는 세부적인 설정을 다루기 위해 Enscape Material Editor을 사용하도록 한다. 이번에는 새로운 재료 추가(Add New Material)를 한 후, 위와 같이 종류(Type)에서 "Enscape"를 선택한다. 2가지 재료인 "Enscape Grass"와 "Enscape Water"를 제작해 두자.

2개의 새로운 재료를 만든 후, 엔스케이프 실행 메뉴에서 오른쪽 네 번째 버튼인, Tune Materials in Project를 누른다.

"Enscape"성질의 재료들이 엔스케이프 재료 창에 확인된다.

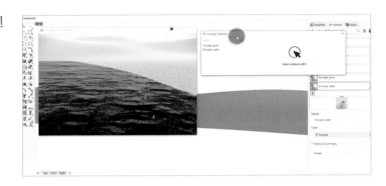

본 프로젝트에서 설정될 녹지와 호수에, 새로 만든 엔스케이프 재료들을 각각 입혀 준다. 그렇게 하면 흰색 기본 재료가 다시 적용된다는 것을 확인할 수 있다.

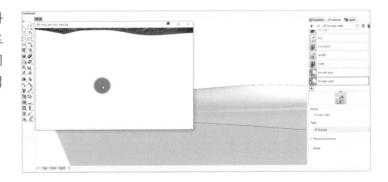

이제, 엔스케이프 재료 설정 창에서 각각의 재료(Type)란에서 Grass 및 Water를 설정할 수 있다. 처음 "Enscape Grass" 경우 Type에서 Grass로 설정해 주면, 바로 흰색의 잔디가 입체적으로 형성되는 것을 볼 수 있을 것이다.

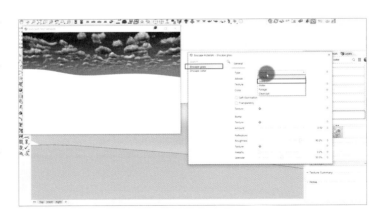

노란색으로 Color를 바꿔 주면
노란색으로 물들여진다.

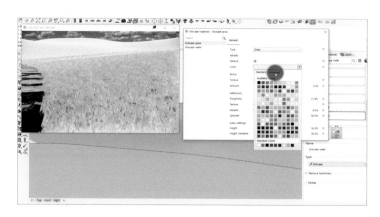

녹색으로 바꾸면 당연히 녹색
잔디가 만들어진다는 것을 볼
수 있다. Rhino Material과 마
찬가지로 Texture난에서 텍스
처 이미지를 가져올 수 있다.

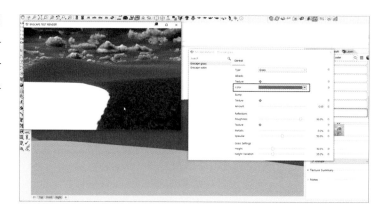

이제부터 엔스케이프 재료의 마
법이 시작된다. Grass Setting
으로 내려가 보면, Height와
Height Variation을 확인할 수
있다. 이곳에서 우리는 입체 잔
디의 높이와 다양성(균일함에서
야생적인) 설정을 주어 원하는
녹지 표현을 할 수 있다.

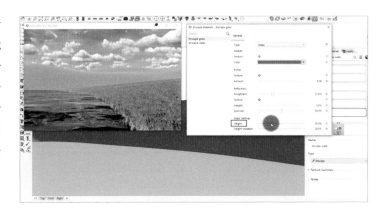

Height를 80%가량 높였더니
더 높아진 잔디를 실시간으로
변경 값이 렌더된다.

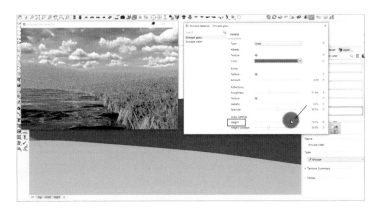

100%로 잔디의 높이를 설정하
니, 잔디라기보다는 논에 있는
벼처럼 키가 커졌다.

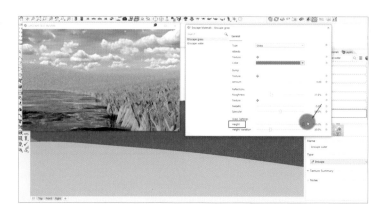

0%: 축구장 잔디처럼 낮고 밀도
높은 녹지가 되었다.

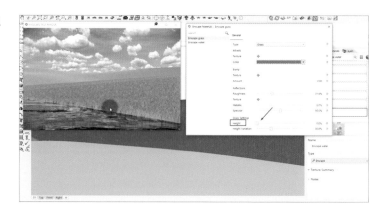

Height Variation을 통해 우거
진 녹지의 자연스러움을 만들
수도 있다.

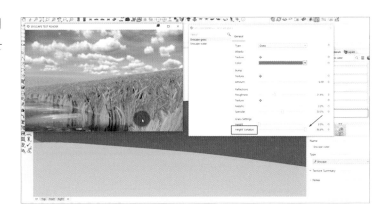

이번에는 "Water" 설정을 사용하여 다양한 물 재질 표현을 해보자.

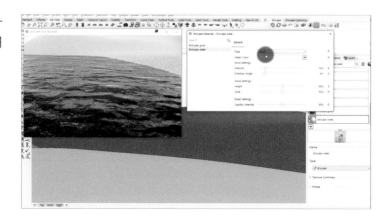

Water의 경우 Grass와 다르게 Texture 설정란을 따로 제공하지 않는다. 단순하게 색상만 변경할 수 있게 된다. 레드와인 색상으로 물 색깔을 바꿔 보았지만, 큰 차이점을 발견하기 어렵다.

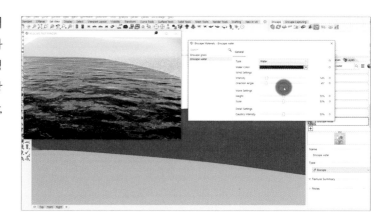

엔스케이프 렌더링을 움직여 보니, 수면 아래에서는 명확하게 보이는 빨간색 색깔. 분명히 빨간색이 설정되어 있지만, 수면 위에서는 보이지 않는다. 그 이유는 물의 색깔은 표면으로 보이는 게 아닌, 부피(Volume)로 표현되기 때문이다. 이를 위해서는 수면 아래에 어느 정도의 공간을 두고 Solid 한 바닥 면을 만들어 줘야 한다.

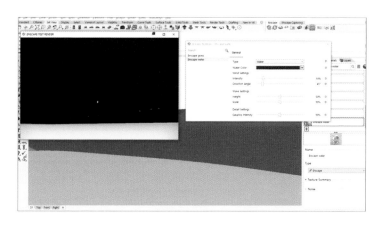

수면 2미터가량 아래에 흰색 평면을 만들어 두었다.

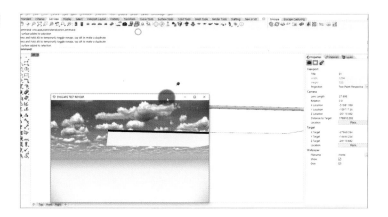

이제는 선명하게 빨간색 색상이
보이는, 레드와인 수영장.

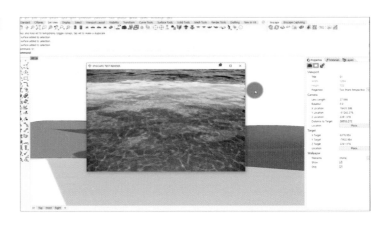

노란색 물. 식용유를 표현할 때
나 적합하겠다.

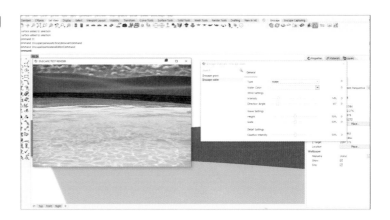

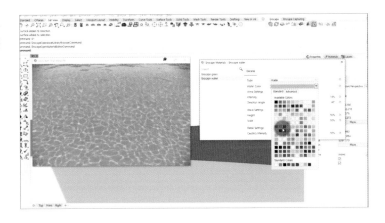

맑은 하늘색인 Cyan 색상을 선택하면 여름 풀장 같은 물의 색깔을 띤다.

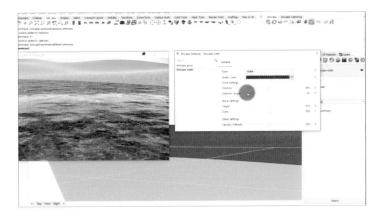

최종적으로 짙은 아쿠아마린 색으로 자연스러운 물의 색깔을 만들었다.

Wind Settings에서는 파도가 흐르는 속도 및 방향을 조절할 수 있는데, 보통 이미지로는 확인할 수 없으며, 영상이나 화면이 움직일 때 보이는 애니메이션에서만 프리뷰가 가능하다.

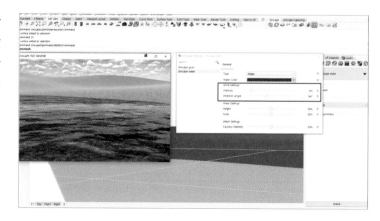

Wave Setting을 구경해 보자. Height 스크롤을 조절하면서 파도의 높이를 실험할 수 있다. 100% Wave Height는 바다와 같은 높은 파도를 만들어 준다.

50%일 때 보이는 잔잔한 파도의 양.

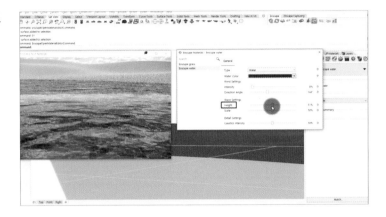

0%일 때 보이는 평평한 연못의 느낌. 조경에 있는 수공간이나 수영장, mirror pond에 적합한 물 효과를 만들 때 적합하다.

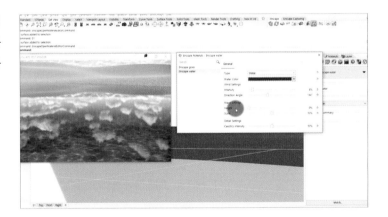

Scale 스크롤을 통해 파도의 크기를 조절할 수 있다. 위와 같이 100%일 경우 파도의 밀도가 높아지므로, 빠르게 흘러가는 물처럼 보인다.

Scale의 50% 경우 강물과 같은 물 표면이 렌더된다.

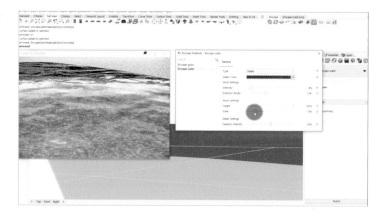

0%로 볼 수 있는 잔잔한, 비교적 큰 덩어리의 단일 파도를 볼 수 있다.

마지막으로 Detail Setting란의 Caustic Intensity 값을 통해 물속 빛의 산란 정도를 설정할 수 있다. 이 이미지는 100% Caustic Intensity일 경우의 렌더링.

Caustic Intensity 값을 0으로 만들 때 물속 산란하는 빛을 제 거할 수 있다. 이 또한 변화되는 모습을 실시간 렌더하므로, 다양 한 연출을 테스트해 볼 수 있다.

잔잔한 호수의 표현을 재현한 Water Settings. 이 설정 값으 로 이 프로젝트의 최종 렌더링 을 할 계획이다.

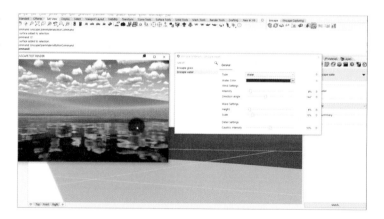

레이어 "OPTION 01"을 켜 놓은 상태. 구름 낀 하늘과 녹지, 그 앞 연못의 조화가 부자연스럽다. 기본 엔스케이프 하늘을 세부 조정을 통해 조금 더 자연스러운 배경을 만들어 보자.

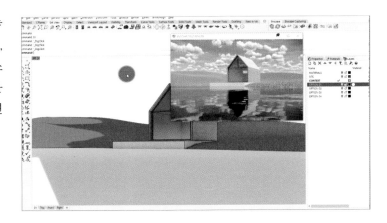

설정을 변경하기에 앞서, 엔스케이프 설정을 미리 저장해 두자. Enscape Setting 창에서 최상단 오른쪽에서 두 번째인 "Save As" 버튼을 클릭하여 새로운 이름으로 현재 작업하게 될 엔스케이프 설정 값을 "HOUSE IN FOREST"라는 이름으로 저장해 두었다. 이후 "Save" 버튼을 눌러 가며 변경 값들을 저장할 수 있다.

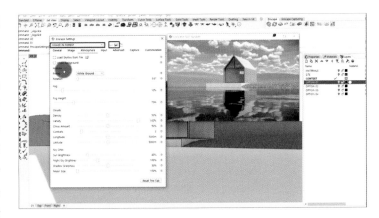

저장된 엔스케이프 설정 값들은 위와 같은 폴더에 저장된다. 일반적으로 (C:\Users\Username\Documents\Enscape\Settings)에서 이 파일들을 찾을 수 있으며, XML 문서 유형으로 저장된다. 이 파일들은 다른 컴퓨터 상호 간에 이동이 가능하며, 같은 Settings 폴더에 불러오면 Enscape Settings 설정 값을 실행할 수 있다.

Atmosphere tab: 엔스케이프 설정 창에서 세 번째 탭인 분위기(Atmosphere) 설정 탭에서 하늘을 수정할 수 있다. 첫 번째로 Horizon 수평선 설정을 바꿔보자. Horizon이란, 모델링의 끝과 하늘 사이에 있는 360도 수평선을 크롭된 이미지로 지정하면서 산, 나무, 도시 속 주변 건물들을 배치하여 간편하게 현실적인 이미지를 제작할 수 있는 설정이다.

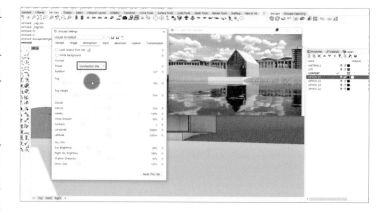

Horizon Preset 스크롤 바를 내리면 아래와 같이 다양한 이미지들의 수평선을 바꿀 수 있다. 위 이미지는 Construction Site를 설정한 수평선 이미지.

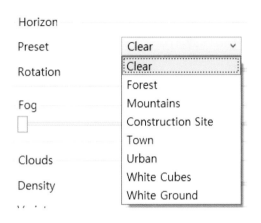

숲속의 집인 만큼 Forest로 수평선을 설정해 보자.

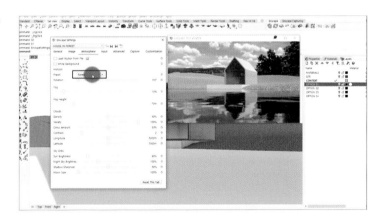

Preset 설정을 완료한 후, 아래에 있는 Rotation 스크롤 바를 변경해 보면, Forest 수평선 이미지가 중심축으로 회전하는 것을 볼 수 있다. 현재 0.0도일 때의 Forest Horizon 배경 이미지.

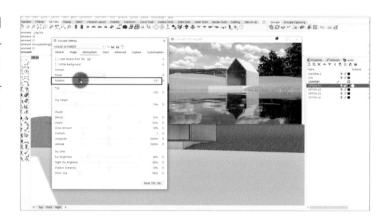

193.3도일 때의 Forest Horizon 배경 이미지.

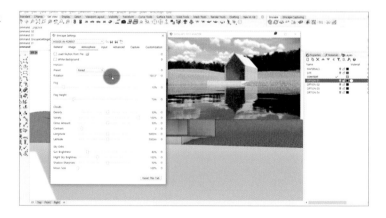

303.2도일 때의 Forest Horizon 배경 이미지. 조금만 회전해 보더라도 완전히 다른 배경의 분위기를 연출할 수 있게 된다.

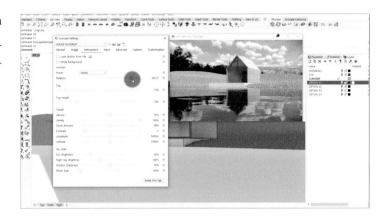

179.4도를 최종 Rotation 값으로 설정한 후, Fog 설정을 탐험해 보자. Fog란 직역 그대로 '안개'를 뜻하며, 설정에서 안개의 짙기를 조절할 수 있다.

Fog Height로 안개의 높이 또
한 조절할 수 있다.

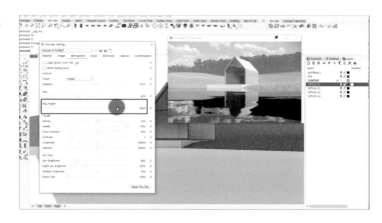

필자는 Fog를 최소한으로 사용
해서 깔끔한 이미지를 만들었
다. 오른쪽 설정인 Clouds에서
구름의 개체 수와 크기를 다양
하게 조절할 수 있다. 가장 우선
Density 스크롤 바에서 구름
의 밀도 조정이 가능하다.

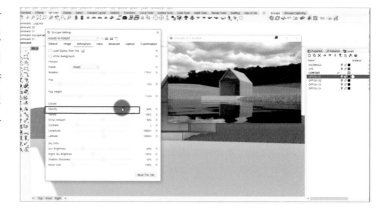

Density 0일 경우 구름은 얇게 흩어지며 볼륨이 사라진다. 필자는 엔스케이프의 구름을 최대한 적게 사용하는 것을 선호하기에 Clouds 설정을 사용하여 최종 이미지를 만들고자 한다.

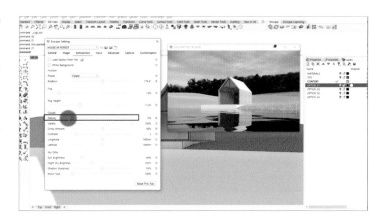

렌더링을 위한 최종 하늘과 배경의 모습. 앞으로 태양 빛의 설정과 Asset Library를 통한 3D 물체들의 배치로 이미지를 완성할 계획이다.

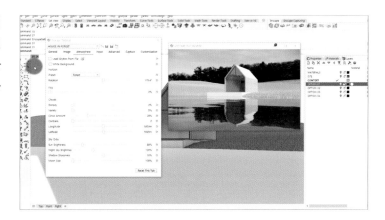

골프장에 있는 작은 창고 같다.
이번 프로젝트의 목표인 "숲속
의 집"을 위해, 조금 더 울창한
숲을 조성해 보자.

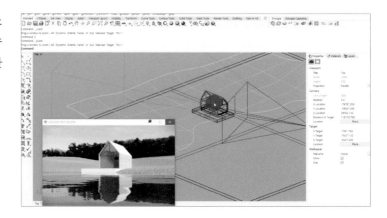

일단, 미리 만들어 놓은 Forest
Horizon과 건물 사이에 푸른
언덕에 다양한 나무를 심어 볼
계획이다. 이후, 건축물 속에 가
구 배치 및 사람을 한두 명 배
치하므로 건축의 스케일감을 확
대하고자 한다.

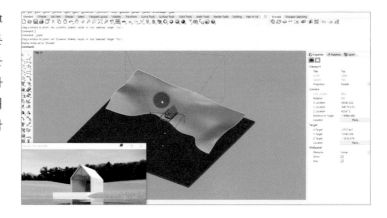

나무와 가구 및 사람은 Enscape Asset Library를 통해 다양한 3D 물체들을 무료로 디자인 모델에 삽입할 수 있다. Enscape Toolbar에서 오른쪽 다섯 번째 아이콘인, 에셋 라이브러리를 눌러 본다.

이 이미지 좌측처럼 다양한 3D 자료들이 가득하다. 에셋 라이브러리는 웹(Web) 기반 데이터베이스로 인터넷 연결이 필요하며, 실시간으로 자료들이 업데이트된다. 우리는 이 중에서 Vegetation 분류에서 마음에 드는 나무들을 선택해 녹지에 심어 보자.

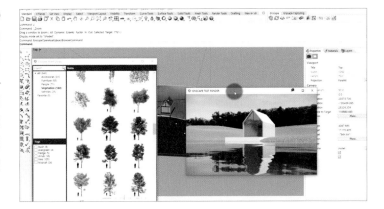

라이노 perspective 화면에서 "F6"을 누르고 다른 viewport에 들어가면, perspective 화면의 카메라 앵글이 물리적으로 보인다. 이를 통해 "01"번 카메라 뷰가 보여 주는 범위를 정확하게 알 수 있다. 그 앵글 속에서만 나무와 가구들을 배치하면 노동을 최소화하여 작업 효율을 높일 수 있다.

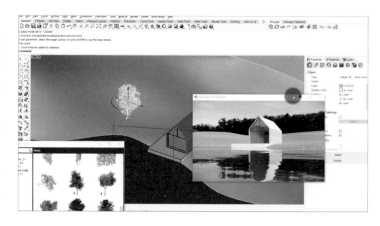

　식재를 배치하는 방법은 간단하다. 원하는 아이템을 선택하고, 배치하고자 하는 면(평면, 곡면 무관하다)을 클릭한다. 그러면, 이어지는 클릭을 통해 자동으로 선택한 면 위에 물체를 수직 배치해 준다.

딱 프레임 안에만 오밀조밀하게 배치된 식재들. 현재 라이브 업데이트가 설정되어 있지 않았기 때문에, 배치된 나무들을 실시간으로 확인할 수 없었다. 필자는 컴퓨터 성능상 실시간으로 3D 나무들을 삽입하다 보면 로딩 시간이 오래 걸리기 때문에 라이브 업데이트를 주로 꺼 둔 상태에서 Asset Library를 사용한다.

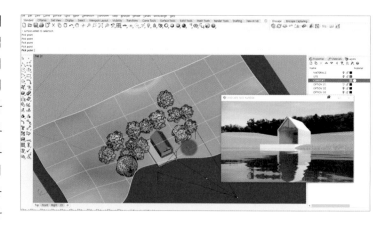

위에 나와 있는 버튼을 누르면 라이브 업데이트를 켜고 끌 수 있다(Toggle 버튼).

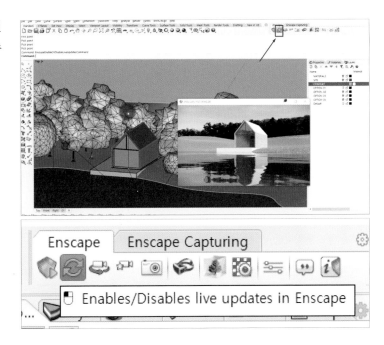

라이브 업데이트 후 약간의 기다림 끝에 보이는 울창한 숲. 3D Asset Library의 자료들은 프록시(Proxy) 파일들로, 라이노 모델링상 매우 가볍고 단순화되어 있지만, 엔스케이프 렌더링 창에서는 현실적으로 디테일한 모습을 보인다. 3D 나무들을 사용하는 장점은, 빛에 대한 반응과 사실적인 그림자 표현을

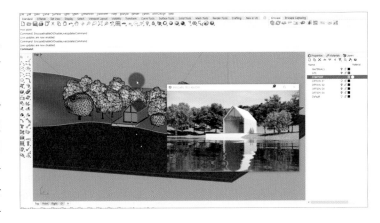

할 수 있다는 것이다. 위와 같이 나무들이 전면에 연못에도 현실적으로 반사되는 것을 볼 수 있다. 제작된 나무들의 레이어는 "Context"에 둔다.

이번에는 사람을 넣어 보자. People 분류(Category)에 있는 노란색 셔츠 남자를 선택하였다.

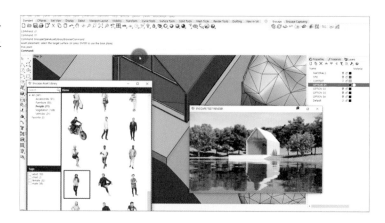

건물 앞에 있는 데크에 노란 셔츠의 사나이를 두었다. 이번 프로젝트에서는 각각 디자인 옵션에서 다른 3D 사람들을 불러와 배치할 계획이므로 "OPTION 01" 레이어에 해당하는 물체들을 설정해 두자.

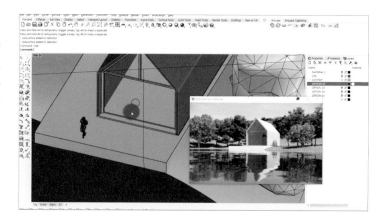

미스 반데어로에의 바르셀로나 체어도 있으므로 건물 안에 넣어 인테리어에 활기를 주자. 작은 디테일들이 풍부한 이미지를 만들어 준다.

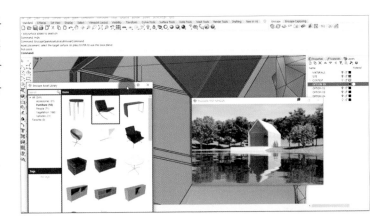

전면 유리를 잠시 "Hide"시킨 후 소파 2개를 넣었다.

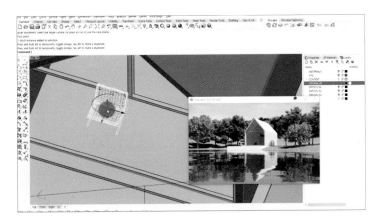

완성된 "Option 01"의 디테일링.

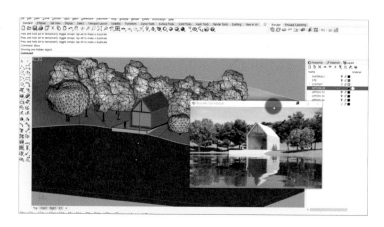

같은 환경에서 보이는 "Option 02".

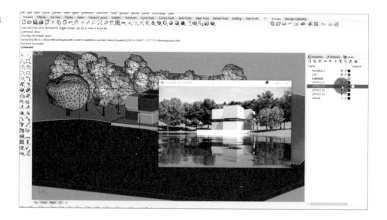

"Option 03". 자연스러운 곡선이 독특한 이미지를 만든다. 다만, 햇빛이 너무 전면을 향해 있어 평평한(Flat) 이미지가 되었다. 빛의 방향을 조절해 더 풍성한 빛 환경의 이미지를 만들어 보자.

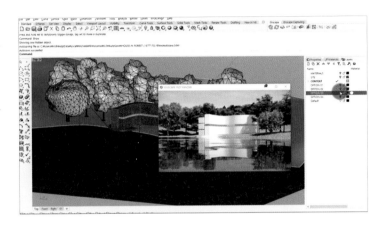

"Option 04"의 추상적인 디테일. 기념비적(Monumental) 이미지가 떠오른다.

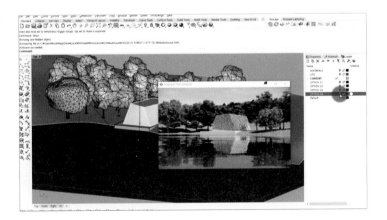

물과 녹지(대지) 사이 경계를 모
호하게 해 줄 Buffer zone을
3D 자연석들로 이뤘다. 훨씬 자
연스러운 이미지가 만들어졌다.

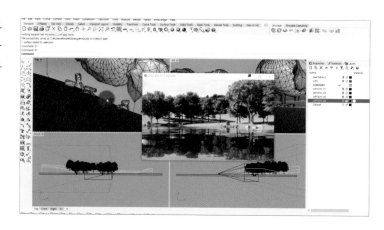

"Sun" 명령어를 기입하면 태
양 광원을 관리 설정할 수 있
다. "On"을 켜두고, "Manual
Control"을 끄자.

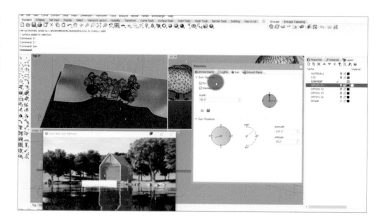

"Manual Control" 수동 조작을 끄면 현재 모델링의 지리학적 위치를 검색해서 자동으로 설정할 수 있다. Seoul을 검색해서 현 위치로 저장해 보자.

"Sun"의 상위 설정에서 날짜와 시간을 지정할 수 있다. 2000년 1월 1일 정오에 보이는 렌더링 이미지.

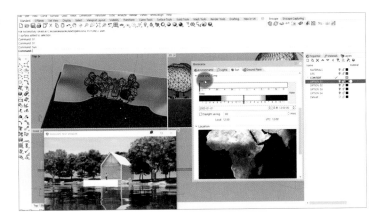

날짜와 시간을 바꾸면서 최적의 빛 환경을 테스트할 수 있다.

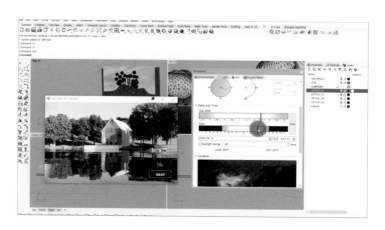

최종적으로 설정한 햇빛 설정. 9월 4일, 오후 5시쯤으로 따뜻한 빛을 연출하였다. 건축물 전면에 너무 직사광선을 두지 않고 그림자를 만들어 건축의 공간감을 강조했다.

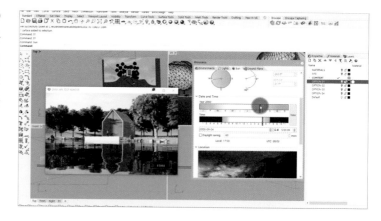

Enscape Setting 창에서 "Capture" 탭에서 우리는 저장할 이미지 파일에 대한 렌더링 설정을 할 수 있다. "Resolution" 탭으로 이미지의 크기를 자유롭게 적용할 수 있다.

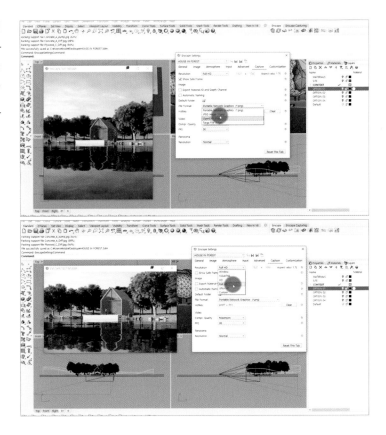

File Format에서 이미지의 확
장자(jpeg , png, tga 등)를 설정할 수
있다.

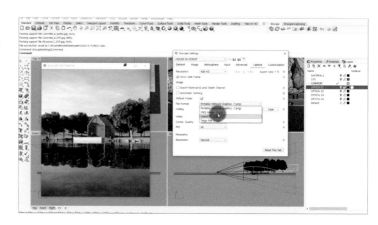

Hot Key는 렌더링에 사용되는
단축키를 직접 기입할 수 있다.
현재 필자는 Ctrl+~ 키(Oemtilde)
를 엔스케이프 렌더링 핫키로
사용하고 있다.

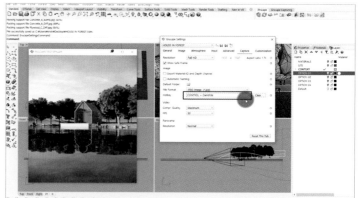

"Show Safe Frame"을 켜 두
면 엔스케이프렌더 실행 시 최
종 렌더링의 비율을 미리 보기
할 수 있는 세이프 프레임이 작
동된다.

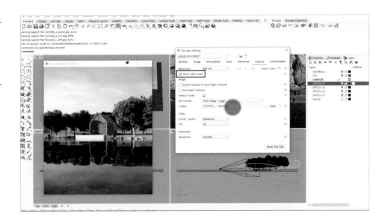

세이프 프레임 프리뷰가 작동되
는 화면, 다시 한번 엔스케이프
렌더를 누르면 보이는 바와 같
이 저장된다.

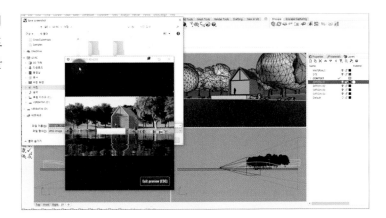

Enscape Capturing 탭에서 첫 번째 버튼인 Create a rendering of the current Encape view를 누르면 현 엔스케이프 상황에서 이미지를 저장할 수 있다. 앞서 말했듯이 이 기능은 단축키화 가능하며, 필자는 "Ctrl+~" 키를 주로 사용한다.

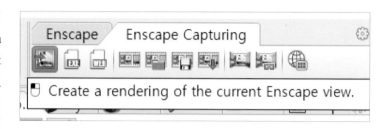

최종적으로 저장된 4가지 옵션들에 대한 최종 렌더들.

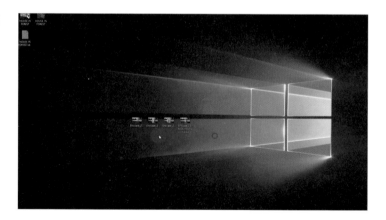

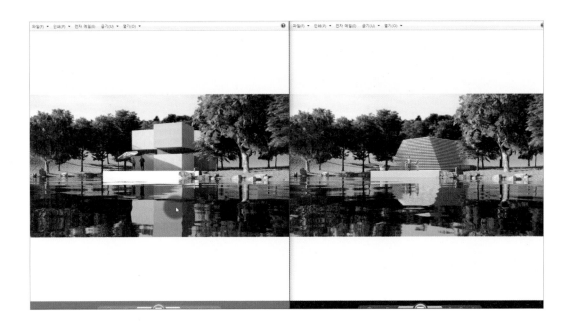

최종 렌더 이미지들, 1개의 부지, 1개의 신(Scene)에서 서로 다른 효과의 건축물을 디자인해서 시각화해 보았다. 단순한 설정과 다양한 효과들로 큰 어려움 없이 만족스러운 이미지를 제작할 수 있게 되었다.

OPTION 01

OPTION 02

OPTION 03

OPTION 04

최종 렌더링 결과물.

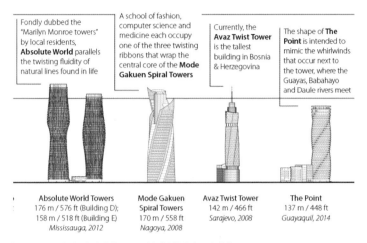

Fondly dubbed the "Marilyn Monroe towers" by local residents, **Absolute World** parallels the twisting fluidity of natural lines found in life

A school of fashion, computer science and medicine each occupy one of the three twisting ribbons that wrap the central core of the **Mode Gakuen Spiral Towers**

Currently, the **Avaz Twist Tower** is the tallest building in Bosnia & Herzegovina

The shape of **The Point** is intended to mimic the whirlwinds that occur next to the tower, where the Guayas, Babahayo and Daule rivers meet

Absolute World Towers
176 m / 576 ft (Building D);
158 m / 518 ft (Building E)
Mississauga, 2012

Mode Gakuen Spiral Towers
170 m / 558 ft
Nagoya, 2008

Avaz Twist Tower
142 m / 466 ft
Sarajevo, 2008

The Point
137 m / 448 ft
Guayaquil, 2014

https://www.designingbuildings.co.uk/wiki/Twisting_buildings

이번 프로젝트에서는 도심 속에 있는 쌍둥이 타워를 디자인하고 렌더링할 계획이다. 디지털 디자인 기술의 발전으로 인해 고층 타워 디자인의 발전도 심심치 않게 일어나고 있다. 그중 "TWIST"라는 디자인 언어로 건물들이 많이 생겨나고 있다. 같은 평면이 회전하면서 적층되는 형태는 기하학적으로 아름답고 유기적인 독특함이 있다. 그중, MAD Architcts(Beijing)의 Absolute Tower의 디자인에 필자는 큰 매력을 느꼈다. 이와 비슷한 형태의 뒤틀린 건물을 디자인 제작하고, 주변의 도시적 경관을 조성 후, HDRI의 다양한 적용으로 조금 더 현실적이고 자연스러운 빛 환경을 테스트해 보도록 하겠다. 다만, 타원형이 아닌 조금 더 디자인 변형이 유리한 사각형 평면으로 건물을 만들어 보고자 한다.

타원형 평면이 층마다 일정한 각도로 회전하며 층 층이 쌓여 유기적인 모습으로 대중들에게 "메릴린 먼로 타워"라는 별명으로 불린다. 실제로 춤추는 여성의 모습을 형상화한 듯한 효과가 있다.

MAD Architects(건축가 Ma Yan Song)의 Absolute Tower _ 캐나다 2012

Absolute Towers – MAD Architects

Modernism has a famous motto: A house is a machine for living in. However, as we progress further away from the machine age, we are left with a question: what message should architecture convey? What is the house of today?

Like other fast developing suburbs in North America, Mississauga is seeking a new identity. This is an opportunity to respond to the needs of an expanding city, to create a residential landmark that strives for more than simple efficiency and that provides residents an emotional connection to their hometown.

In place of the simple, functional logic of modernism, our design expresses the complex and multiple needs of contemporary society. This building is more than just a functional machine: it responds to the significance of being located at the junction of two main streets, elegantly bearing its landmark status and acting as a gateway to the city beyond. It is something beautiful, sculptural and human.

Despite its landmark status, the emphasis is not solely on height. Our design features a continuous balcony that surrounds the whole building, eliminating the vertical barriers traditionally used in high rise architecture. The entire building rotates by different degrees at different levels, corresponding with the surrounding scenery. Our aim is to provide 360 degree views for each residential unit, and to get city dwellers in touch with the natural elements and reawaken their appreciation of nature.

The Absolute Towers are nicknamed as "Marilyn Monroe Towers" by the locals for the sinuous shape. (출처: www.i-mad. com)

70m×80m 정도 크기의 임의
의 건축 부지를 만들어 준다. 그
림과 같은 방식으로 레이어를
정리해 주면 좋다.

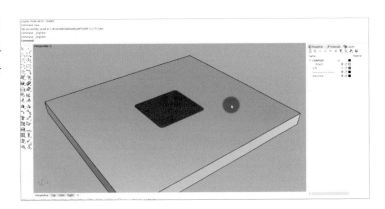

최종적으로 만들어지는 모델링
레이어. "++++++++" 레이어는
임의로 만든 서비스 레이어로,
필자는 레이어 사이에 파티션
역할로 사용하고 있다.

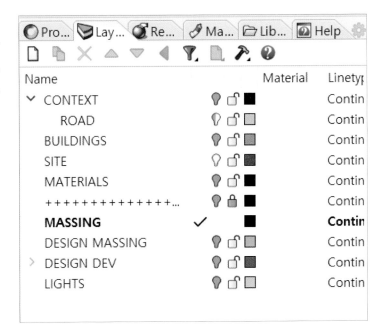

최초의 매싱 크기. 정사각형 평면으로 2개의 쌍둥이 타워를 만들었다. 그 아래에는 조금 더 큰 직사각형의 포디움을 만들어 주자.

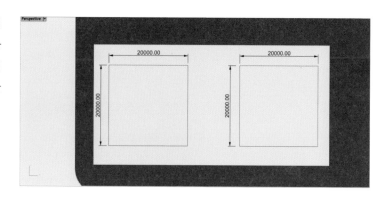

최종 디자인 평면도. 각 타워가 무게중심 축으로 회전하면서 전개된 것을 볼 수 있다.

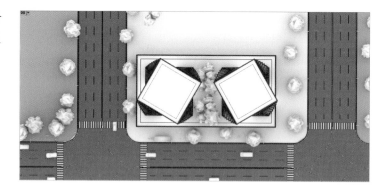

최초의 매싱 형태의 입면, 쌍둥이 타워의 높이를 이와 같이 설정해서 제작하면 본 프로젝트의 최종 이미지와 같이 진행이 가능하다.

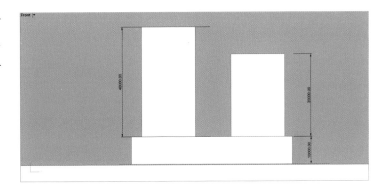

TWIST로 변형된 최종 디자인. 건축모델링의 기초적 디테일들이 보인다. Rhino Proxy(프록시)인 나무들과 3차원 객체들은 흰색 솜뭉치들처럼 보인다.

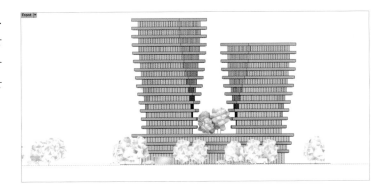

이와 같은 형태로 입체 사
각 매싱을 만들었다. 디자인
에 기초가 될 이 객체들은
"MASSING"이라는 이름으로
레이어에 저장하도록 한다.

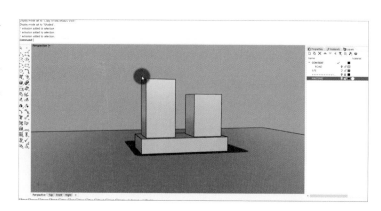

필자는 추가적인 작업을 통해
사이트 주변에 20m가량의 격
자형 도로를 만들어 줬다. 아스
팔트 재료를 입히고 도로 표현
을 간단하게 했다. 독자는 렌더
뷰에 맞춰서 이런 디테일 작업
을 간단하게 해 주면 좋다.

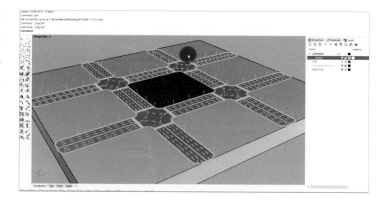

"ROAD" 레이어를 켜서 보이는
건물의 비율과 도로와의 관계.

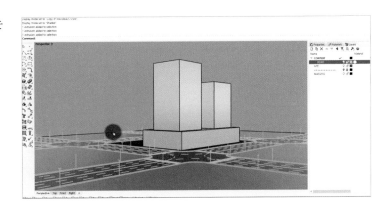

현재 박스 매싱을 디자인 매싱으
로 작업할 계획이다. 이에 앞서
필자는 "DESIGN MASSING"
이라는 레이어를 새로 만들었
다. 박스 매싱 모델을 선택하여
새로 만든 레이어에 복사해 주
자. "Copy Objects to Layer".

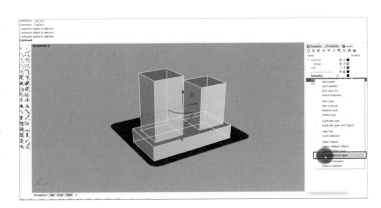

색상을 바꿔 각 레이어별로 개
별화시켜 준다.

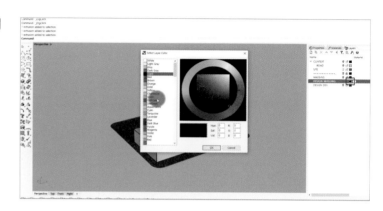

녹색 메로나 같은 매싱 2개
가 생겼다. 그림처럼 "DESIGN
DEV (development)"라는 레이어도
새로 만들어 두자. 이후에 작업
할 디테일들을 이 세 번째 레이
어에 저장할 계획이다.

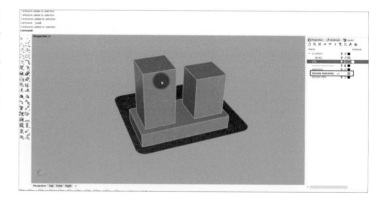

사각형 타워 매싱에 뒤틀림 변
형 효과를 주고자 한다.
"Transform" 툴바에서 "Twist"
라는 버튼을 찾아보자. 명령어로
"Twist"를 사용해도 무관하다.

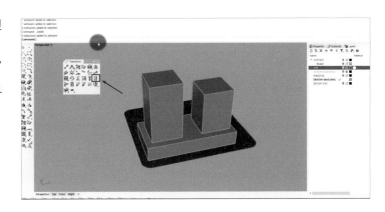

툴바를 확대한 모습. 꽈배기같
이 생긴 버튼이 쉽게 그 역할을
알 수 있게 해 준다.

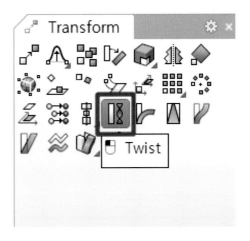

선택된 첫 번째 타워 매싱에 Twist를 실행하면 가장 먼저, 비틀리는 직선 축 Axis을 그려 줘야 한다. 미리 중심에 수직선을 그려 주면 편리하다. 중심선 아래 점과 끝 점을 차례대로 선택해 주면, 뒤틀림이 시작하는 수평선을 이와 같이 선택할 수 있다.

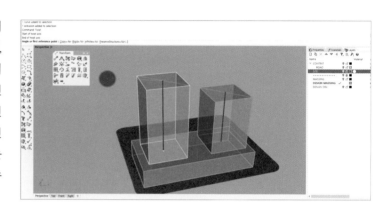

이후 마우스 커서를 옮겨 가며 적당한 비틀림 정도를 기입해 준다. 필자는 30도로 돌렸다. 하지만 시계 반대 방향으로 돌렸기에 "-30"을 각도로 입력해 주면 이 이미지처럼 된다.

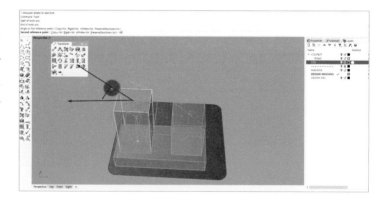

상하 -30도 각도 차이로 비틀
린 왼쪽 디자인 매싱.

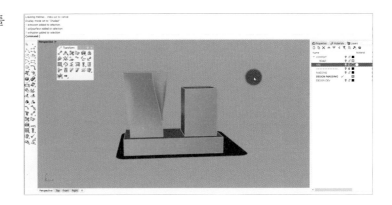

오른쪽 매싱도 같은 방법으로
Twist해 준다. 대신 왼쪽 매싱
과는 반대 방향으로 +30도(30
만 입력하면 된다)로 건물을 뒤
틀었다.

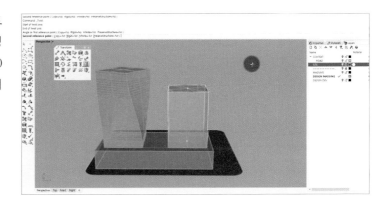

두 건물이 서로 바깥을 바라보는 형상으로 매싱이 변형되었다.

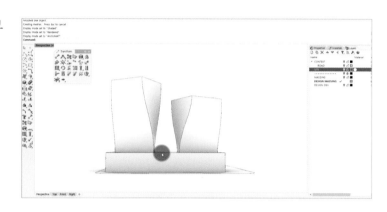

하부 포디움(Podium) 매싱도 조금 변형을 가해 준다. 닫힌 폴리서피스(Closed Polysurface)일 경우, Explode를 하지 않는 이상 모서리나 꼭짓점 이동 변형이 어려운데, 이를 돕기 위해서는 세부 선택을 사용할 줄 알면 좋다. Ctrl+Shift를 누른 상태에서 닫힌 입면체의 세부 면, 모서리, 꼭

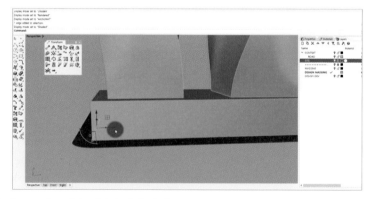

짓점 등을 누르면 선택할 수 있다. 이를 통해 포디움 매싱의 가장 아랫부분의 모서리를 움직여 사다리꼴의 하부 매싱을 완료해 준다.

이상 쌍둥이 타워와 포디움의
디자인 매싱이 완료되었다. 이어
서 빠른 디테일링을 통해 매싱
을 건축화시켜 보자.

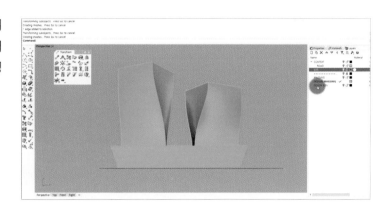

"DESIGN DEV"라는 이름으로
보라색 레이어를 생성했다. 디자
인 작업을 진행하면서 단계적으
로 모델을 레이어별로 복사한다.

보라색으로 보이는 디자인
모델. WIREFRAME 혹은
GHOSTED 모드로 건물 슬래
브를 만들어 주자.

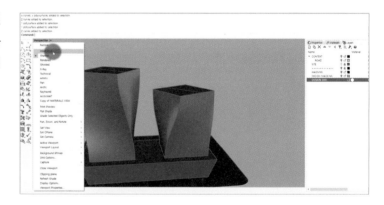

선택된 매싱에 "컨투어(CONTOUR, 등고선)" 명령어를 사용한다. 직선 방향으로 일정 간격으로 물체의 단면을 그려 주는 컨투어 명령어는 최근 디지털 건축디자인에 아주 많이 사용하는 기능으로 아래와 같은 디자인에서 볼 수 있다.

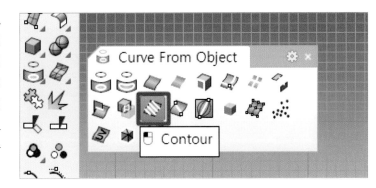

Tianjin Binhai Library - MVRDV 2017

TEK Center - Bjarke Ingels Group(BIG) 2011

Nanjing Zendai Himalayas Center - MAD Architects

City Life Shopping District Milano - Zaha Hadid Architects 2017

등고선(Countour) 명령어를 실행시키고, 가장 먼저 등고선을 자를 방향의 수직인 방향을 그려 준다. 3m 간격 높이의 수평 슬래브들을 만들기 위해서는 수직선을 그려 주면 된다. 앞서 그려 놨던 건물의 중앙축(선)의 가장 아랫부분에서 클릭, 수직 방향으로 두 번째 클릭해 주면 방향 COUNTOUR DIRECTION이 적용된다.

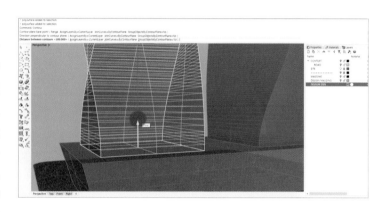

이후 3,000mm 일정 간격으로 층고를 만들기 위해, "3000" 혹은 "3m"를 입력하고 엔터를 누르면, 이와 같은 슬래브 선들이 제작된다.

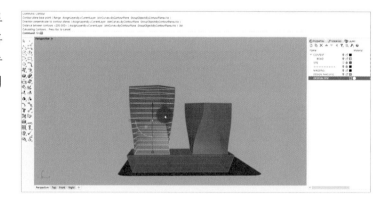

제작된 등고선들은 개체 수가 많을 때가 있으니 반드시 제작 직후에 "Group"을 해 주자. 오른쪽 쌍둥이 동생 타워에도 똑같은 방식으로 Contour Slab 제작을 해 준다. 바로바로 그룹을 해 준다.

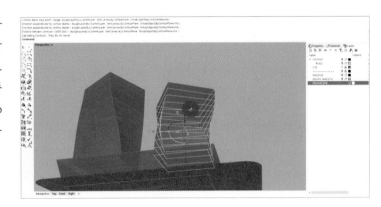

컨투어 선을 제외하고는 나머지 객체들을 "HIDE"라는 새 레이어에 넣고, 잠깐 꺼 두자. 두 타워의 슬래브 등고선만 남아 있다.

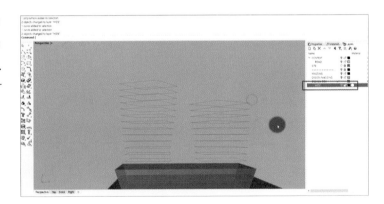

"Planar Surface" 명령어로 닫혀 있는 곡선들을 평면으로 만들어 준다.

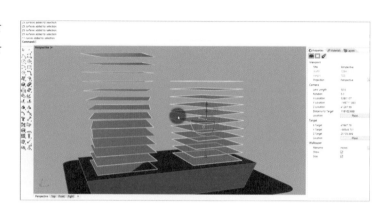

반드시 그룹(Group)을 통해 추후 대량 선택 노동 시간을 최소화하자.

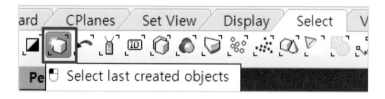

이후, 선택 해제된 상태에서 "Sellast"(Select Last의 명령어)를 하면 직전에 제작된 물체들이 선택된다.

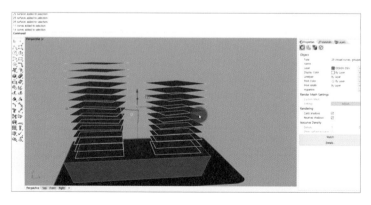

"Extrude Surface"로 Solid Balustrade 난간을 만들어 준다. [Solid=No] 설정, 수직 1m 올려 준다.

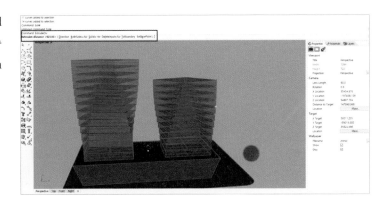

난간 제작만으로 디자인의 전반적 형태를 확인할 수 있다.

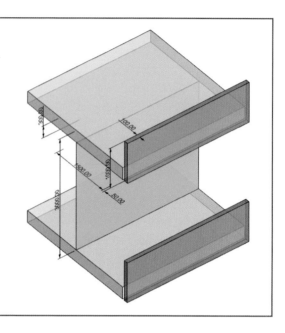

필자가 사용하는 건축의 슬래브, 발
코니와 난간의 관계를 보여 주는 단
면 다이어그램. 독자는 원하는 방향
으로 응용해도 된다.

필자는, OFFSET SURFACE
명령어를 2번 사용하여, 이전에
만든 난간 면(두께)을 50mm 밖
으로 띄워 다시 한번 두께를 두
었다. 난간과 슬래브 사이에 메
지 Shadow Gap을 만들어 약
간의 디자인 디테일을 주었다.

생성된 물체들은 반드시 "Sellast"
와 "Group"의 반복 이용으로 꼭
그룹을 유지해 두자. 이는 이후
의 추가 작업을 편리하게 해 줄
것이다.

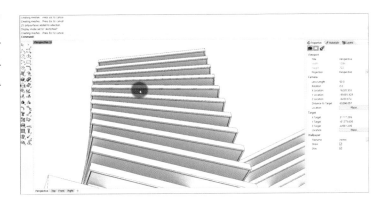

하부 매싱 포디움(Podium)에도
"컨투어(Contour)" 명령어로 앞서
했던 방법으로 슬래브 평면들
을 생성해 주자.

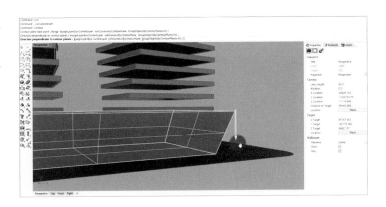

컨투어 선들이 생성되었다. 그룹
을 꼭꼭 잘해 두자.

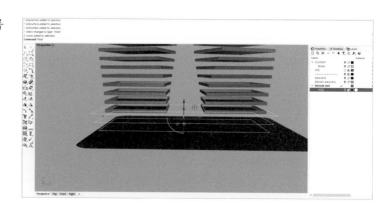

Planar Surface로 슬래브 면
이 완성되었다.

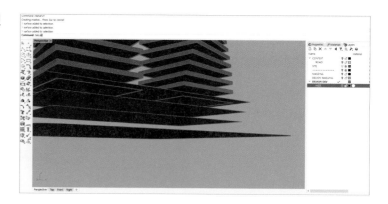

최종적으로 생성된 슬래브와 난간을 제외한 물체들은 "DESIGN DEV" 하위 레이어인 "HIDE" 레이어로 옮겨 두고 불필요하면 꺼 둔다.

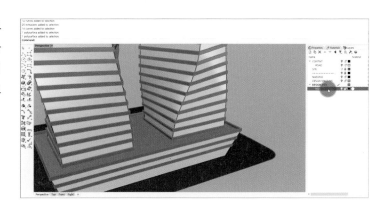

04 PART 03
건물 유리 만들기

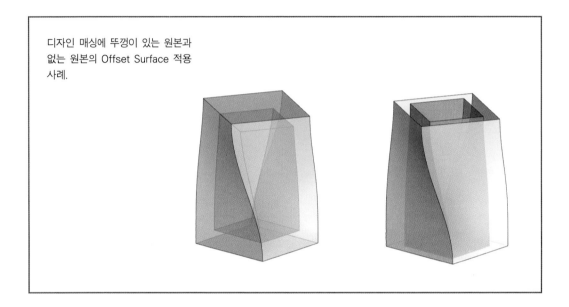

디자인 매싱에 뚜껑이 있는 원본과
없는 원본의 Offset Surface 적용
사례.

건물 발코니 깊이를 1.5m로
생각하고, 우리는 난간 파사
드(FAÇADE) 안쪽 유리면을 만
들 계획이다. 그러기 위해 디자
인 매싱을 1,500mm 안쪽으
로 작게 만들어 컨투어 단면들
을 재생성하는 작업이 필요하
다. "OFFSET SURFACE" 명
령어를 사용해서 더욱 작은 입

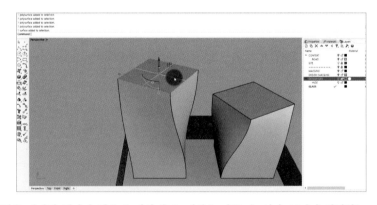

체면을 만들 건데, 위에 있는 뚜껑을 제거해 줘야만 같은 높이의 축소 매싱을 만들 수 있다. 그러기 위해서는
Ctrl+Shift를 누른 상태에서 현재 매싱의 위아래 뚜껑을 삭제해 준다.

위아래가 비어 있고, 옆면만 남아 있는 상태의 디자인 매싱.

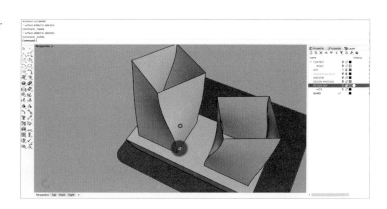

OFFSET SURFACE, [Solid_No] 안쪽으로 1.5m를 면 오프셋한다.

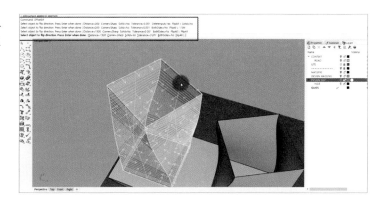

작업 완료된 내부 입면. 색상을
하늘색(CYAN)으로 변경해 준다.

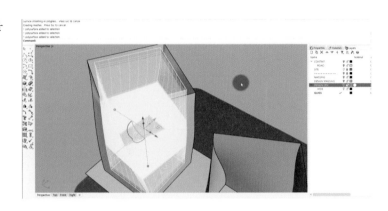

완료된 내부 입면. 이전에 슬래
브 제작하듯 Contour 명령어
로 3m 수직 간격 등고선을 추
출해 준다.

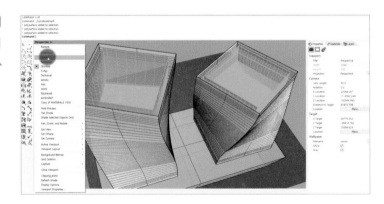

완료된 유리 입면용 등고선 "GLASS" 레이어를 새로 만들어 설정해 두었다. 바로 선택된 등고선을 수직 돌출해 면으로 만들어 준다. "Extrude Curve" 명령어 사용, [Solid_No] 상태로 3,000mm로 제작한다.

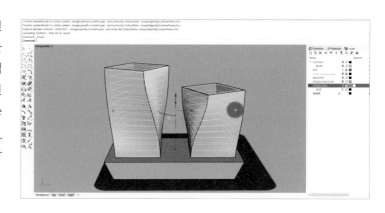

유리면은 하늘색(CYAN)으로 레이어 색상 변경. SELLAST 후 GROUP을 해 두어, 이후 대량 선택의 번거로움을 줄여 준다. 불필요한 객체들은 과감히 "HIDE" 레이어에 지정해 둔다.

완료된 GLASS 유리 입면.

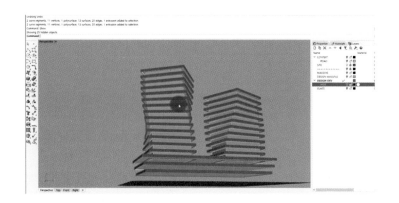

건축디자인이 어느 정도 완료되었다. 최소한의 디테일을 만들어 조금 더 현실적인 이미지를 만들어 주자. 멀리건 (MULLION)이란 커튼월과 창문 프레임과 같은 개념으로, 주로 1m, 1.2m 최소 단위 간격으로 철강 프레임이 구조적으로 유리를 잡아 주는 건축 자재다. 멀리언 디테일은 상당히 복잡하고 다양한 형식이 존재하며, 렌더링을 위한 빠른 디테일은 가장 단순한 원형 PIPE로 제작해 작업 시간을 단축하고, 렌더링을 위한 유리 표현을 효율적으로 운영할 수 있다.

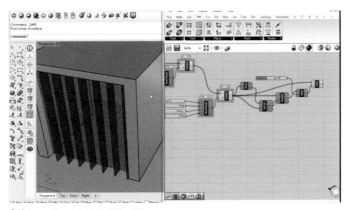

출처: https://youtu.be/FXJZDS-xp3Y

보통 라이노에서 멀리언 작업을 위해서는, 그래스호퍼(GRASSHOPPER) 플러그인을 사용해 단순 반복 수작업을 알고 리즘 자동화를 할 수 있다. 그래스호퍼를 사용하면 자유로운 적용이 가능하지만 이보다 더 효율적인 라이노 스피드 멀리언 제작 TIP & TRICK 기술을 알아보도록 하자.

제작된 건물 둘레에 사각형 박스를 그려 준다. 위치 기준 박스를 두고 그 옆에 유리(GLASS) 제작 면 들만 복사해 준다. 옆으로 이동해 두어 이곳에서 멀리언 작업을 완료한 후 멀리언을 제자리에 돌려 둘 계획이다.

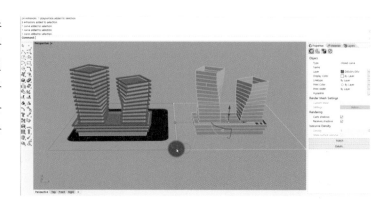

"DIVIDE" 명령어를 사용해 선 (CURVE)을 일정 간격으로 나눠 줄 것이다.

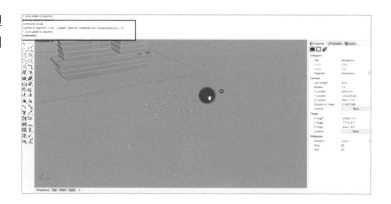

임의의 선들을 만들어 DIVIDE를 사용해 보자. "DIVIDE" 명령어 실행 후, NUMBER OF SEGMENTS는 선을 몇 등분하는지 설정하게 된다. 일정 간격으로 나누기 위해서는 LENGTH를 눌러 주어 원하는 길이를 기입해 준다.

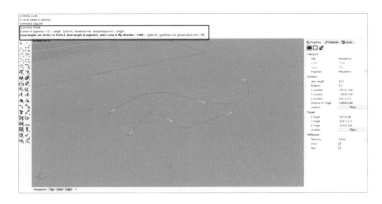

"5M"를 기입해 주어 5m 간격으로 선이 점들로 나뉜 것을 볼 수 있다. [Split_No]인 설정으로 되어 있기에 선들은 나뉘지 않고 점들만 이 선들을 사용해 멀리언을 제작해 줄 것이다.

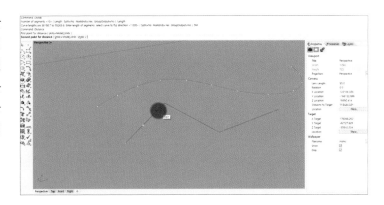

앞서 그려 뒀던 GLASS FAÇADE
의 기준선들을 선택하여 1m 간
격으로 나눠 준다. DIVIDE 명령
어를 사용. [GroupOutput=Yes]
를 사용해 주면 제작 점들이 그
룹된 상태로 만들어진다.

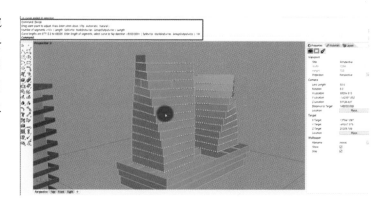

완료된 내부 입면. 이전에 슬래
브 제작하듯 Contour 명령어
로 3m 수직 간격 등고선을 추
출해 준다.

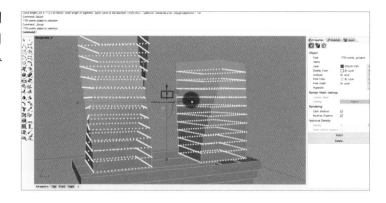

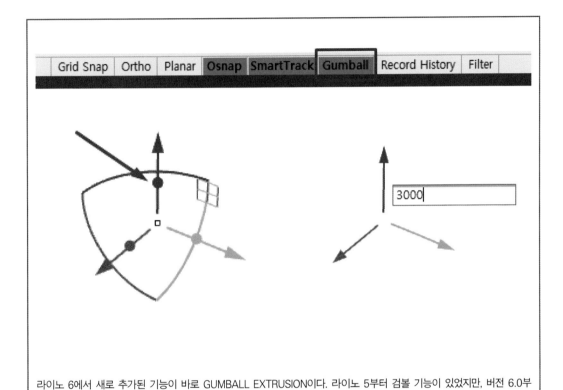

라이노 6에서 새로 추가된 기능이 바로 GUMBALL EXTRUSION이다. 라이노 5부터 검볼 기능이 있었지만, 버전 6.0부터 점, 선, 면을 X, Y, Z 방향으로 돌출(EXTRUSION)할 수 있다. 점은 선으로, 선은 면으로, 면은 입체면으로 만들어 준다. GUMBALL이 실행된 상태에서 Z 방향 화살표 중앙에 동그라미 버튼을 누르면 사각 칸에 원하는 수치를 기입할 수 있다.

"3M" 혹은 "3000"을 기입해 점
들을 수직상승 선들로 만들어
준다.

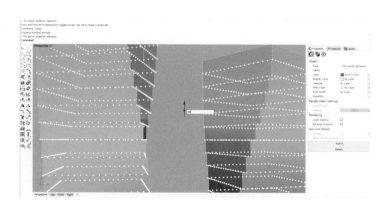

수직상승 되는 선들.

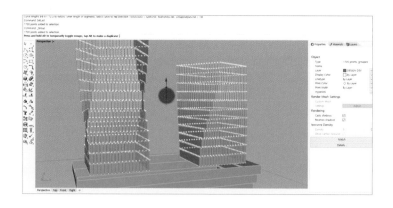

완료되면 여느 때와 다름없이
SELLAST 및 GROUP을 해
준다.

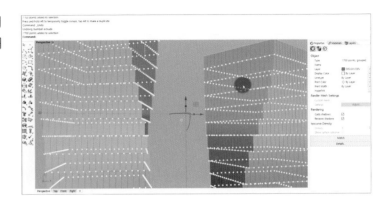

"PIPE" 명령어로 선에 두께
를 준다. 20mm 반지름을 넣
어 멀리언 선들을 입체적으로
제작한다. PIP는 원통을 만들
어 주는 명령어로, 필자가 알
려 주는 멀리언 만드는 기술
은 사각 파이프는 제작이 어
렵다. 사각 파이프를 만들기
위해서는 그래스호퍼 사용을
권장한다.

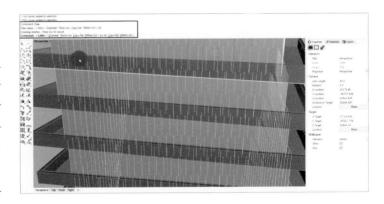

그룹을 시켜 두어 건물의 원위치
로 이동시키자. 파란색으로 색상
을 변경, GLASS 면과 색상 대비
를 이룬다.

제작 완료된 커튼월 멀리언 디
테일.

포디움 부에도 빠른 멀리언을 만들어 주어, 건축디자인은 여기서 완료하자.

앞서 1장에서 했던 방식으로 입면 재료를 고쳐 가며 원하는 건물의 색상, 재료를 적용해 준다. 필자는 흰색 발코니 난간, 회색 슬래브면, 검정 멀리언과 유리면을 내부 유리에 적용하였다. 바로 엔스케이프를 실행시켜 디자인을 렌더링으로 확인한다. 이미 괜찮은 이미지가 나왔다. 추가적인 설정으로 조금 더 현실적인 렌더링을 만들어 보자.

엔스케이프 세팅을 켜 준다. ATMOSPHERE 탭에서 엔스케이프 기본 하늘을 바꿔 보자. DENSITY의 변경으로 구름의 밀도/크기를 조절할 수 있다.

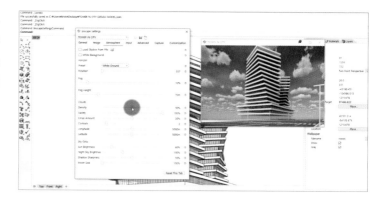

솜사탕처럼 두꺼워진 하늘 속
구름.

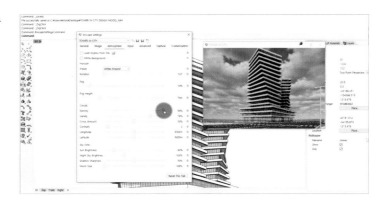

ATMOSPHERE 〉 HORIZON
또한 TOWN으로 설정해 주
어 ROTATION 값을 올려 주
며 적당한 위치의 배경 이미
지도 제작해 준다.

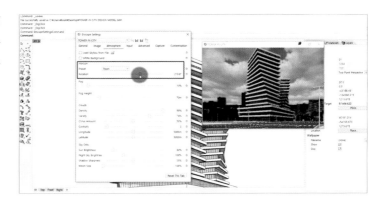

자연스러운 배경 이미지. 하늘과 배경과 건물의 관계가 조화롭다.

최종 이미지를 저장을 위해 SAFE FRAME 확인은 필수다. 설정 창의 CAPTURE 칸에서 USE SAFE FRAME을 선택해 주고, HOTKEY를 "Ctrl+~"로 저장해 준다. 스크린샷 단축키를 사용하면 SAFE FRAME 렌더링 이미지의 비율에 따른 범위를 확인할 수 있다. SAFE

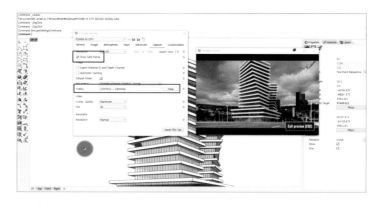

FRAME 범위를 보면 FULL HD(1.78 비율) 이미지에서 건물의 상단부가 잘려 나간다. 카메라 뷰의 위치를 조금 수정해 주어 건축디자인이 더 정확하게 나오도록 저장해 준다.

수정된 "01"번 카메라 뷰. SAFE
FRAME에서 완벽하게 건축물
의 디자인이 표현된다.

두 번째 카메라 뷰 "02". 극적
인 입면 표현이 돋보인다.

카메라 뷰에서 "F6" 키를 누르고 평면 / PARALLEL PERSPECTIVE로 전환하면 엔스케이프가 보여 주는 뷰의 범위를 확인할 수 있다.

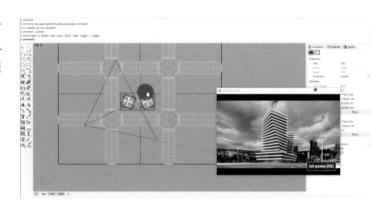

카메라 범위에서 도시의 조경 요소들을 넣어 보자.

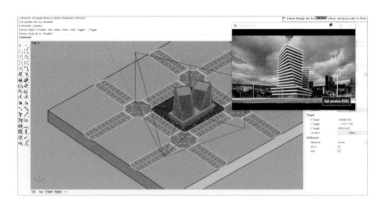

엔스케이프 ASSET LIBRARY
창을 열어 온라인 식재들을 사
용한다.

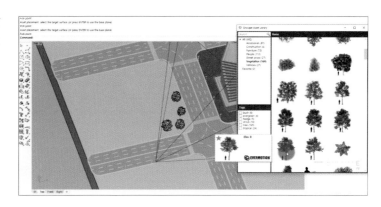

카메라 프레임 내에만 빼곡하
게 삽입한 나무들. 효율적인
주변 환경 조성이 가능하다.

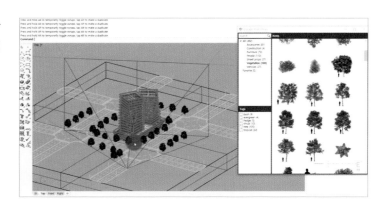

카메라 프레임 내에만 빼곡하게 삽입한 나무들. 효율적인 주변 환경 조성이 가능하다.

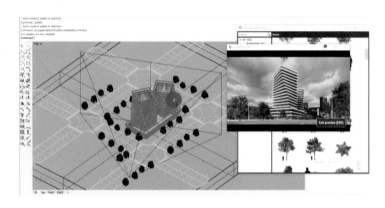

이번에는 자동차를 넣어 보자. ASSET LIBRARY의 VEHICLE 목록을 켜 보면 다양한 디자인과 색상의 차량을 선택할 수 있다.

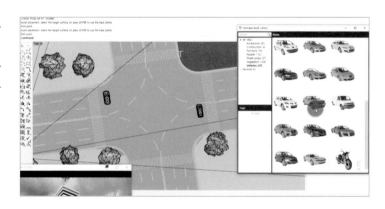

아주 디테일한 모습의 3D 차량. 구형 폭스바겐 골프가 빛 환경에 자연스럽게 녹아든다.

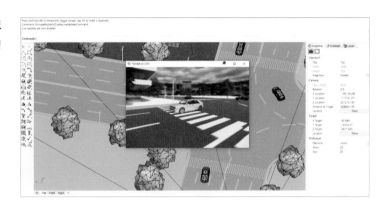

포토샵 2D 차량을 합성하는 방법과는 차원이 다른 3D 차량 렌더링.

차량을 다양하게 삽입해 조금
더 활동적인 이미지를 만들었다.

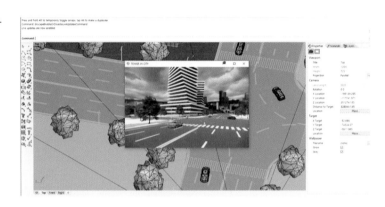

Horizon과 나무, 자동차만 추
가 배치했음에도 불구하고 이미
전문적인 렌더 이미지가 완성되
었다. 아직은 시작일 뿐! 계속해
서 몇 가지 추가 작업으로 현실
적인 전문적 이미지를 만들어
보자.

카메라 뷰 "01"번 렌더링. 주변 나무, 차량, 사람과 도시 요소 STREET FURNITURE 등을 추가로 더 넣었다.

카메라 뷰 "02"번의 중간 렌더링. 아직 주변 CONTEXT 건물들이 없으므로, 도시적인 맥락에서 다소 비어 보인다. 디자인 건축물 주변에 건물들을 제작하여 넣어 보자.

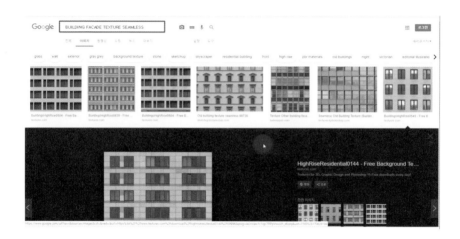

우선 현실적인 이미지를 위해 주변 건물들의 입면을 표현할 텍스처(TEXTURE) 이미지를 저장한다. 구글에서 "BUILDING FAÇADE TEXTURE SEAMLESS"와 유사한 검색어로 이미지를 찾아보면 간단하게 주변 부지 건물들의 입면을 표현할 자료들을 내려받을 수 있다. 총 3가지의 건물 텍스처를 내려받을 계획이다. 위처럼 첫 번째 이미지를 내려받는다.

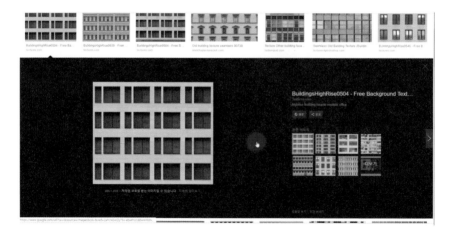

두 번째 건물 텍스처 이미지.

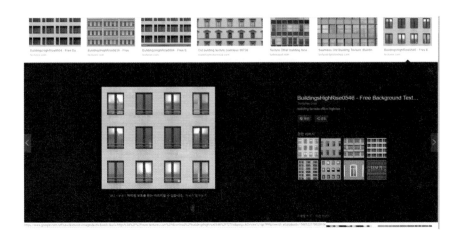

세 번째 건물 텍스처 이미지.

라이노에 돌아와, 카메라 뷰
에 맞춰 프레임 안에 들어가
는 건물들의 사각 매싱을 간
단하게 해 보자. CONTEXT
아래 "BUILDINGS"라는 레
이어로 지정하였다.

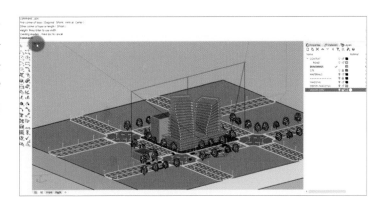

"01"번 뷰를 계속 확인하며 주변
건물 매싱을 해 준다.

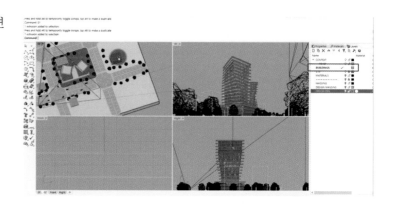

이후 주변 건물들 규격에 맞
는 재료를 입히고 조작한다.
CUSTOM 재료를 총 3개 만들
어 주어 앞서 인터넷에서 가져
온 3가지 이미지 파일들을 건물
매싱에 입힌다.

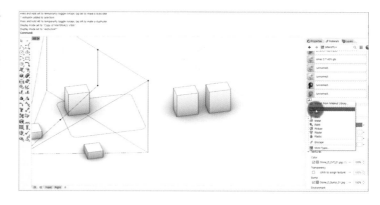

"B01" "B02" "B03"라는 이름으로(Building의 약자) 3개의 재료를 만들어 각각의 재료에 texture image를 불러온다.

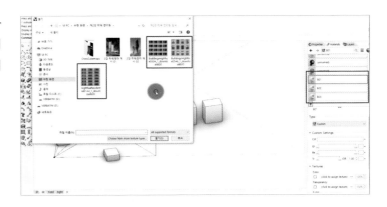

Rhino Render 상태에서 Material 창. Texture 칸에 이미지를 위와 같이 불러올 수 있다. 재료들이 적용된 건물 매싱들.

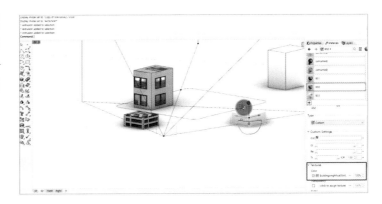

Box Mapping을 사용해서 건물의 크기에 맞춰 얼추 맞는 XYZ 크기를 적용해 주자.

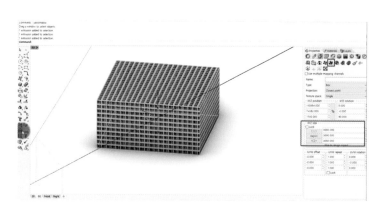

적당한 치수를 맞춰 놓은 Box Mapping 결과물.

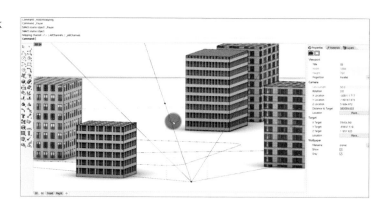

"01"번 뷰에 돌아가면 현실적으로 건물들이 잘 어우러졌다.

주변 Context를 완료한 후의 테스트 렌더.

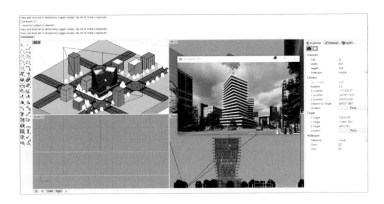

주변 건물들이 지나치게 많아지
면 이미지가 어지러워질 수 있으
니, 적당량만 제공해 주면 된다.

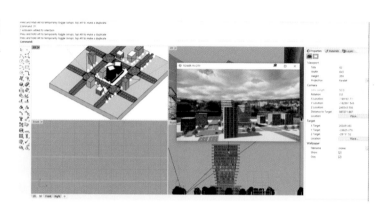

"02" 뷰에서 보이는 배경의
건물들.

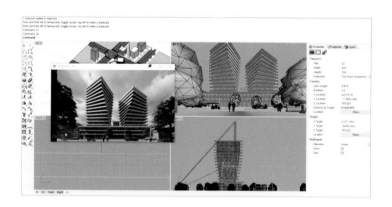

라이노 6에서 새로 추가된 기능이 바로 GUMBALL EXTRUSION이다. 라이노 5부터 검볼 기능이 있었지만, 버전 6.0부터 점, 선, 면을 X, Y, Z 방향으로 돌출(EXTRUSION)할 수 있다. 점은 선으로, 선은 면으로, 면은 입체면으로 만들어 준다. GUMBALL이 실행된 상태에서 Z 방향 화살표 중앙에 동그라미 버튼을 누르면 사각 칸에 원하는 수치를 기입할 수 있다.

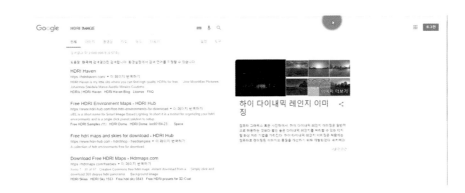

이번 프로젝트 마무리로 HDRI 적용을 통해 다양한 빛 환경을 조성해 보자.

구글에서 HDRI 이미지를 검색하면 정말 다양한 빛 환경을 쉽게 구할 수 있다.

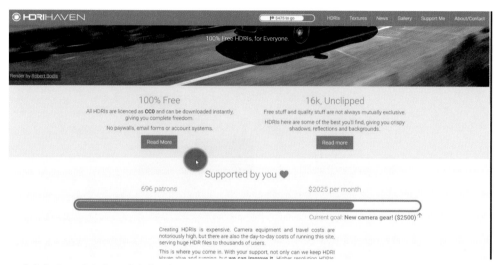

그중 필자가 자주 사용하는 웹사이트인 HDRI HAVEN. 이 웹사이트는 별도의 회원가입이 필요가 없고, 무료로 모든 자료를 자유롭게 내려받을 수 있다.

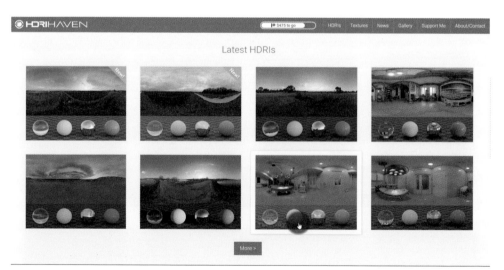

다양한 빛 환경의 HDRI 이미지. 실내 및 실외의 다양한 분위기의 빛 환경(ENVIRONMENT) 사용이 가능하다.

종류별로 도시(URBAN) 카테고리에 들어가면 위와 같은 이미지들을 다운로드할 수 있다.

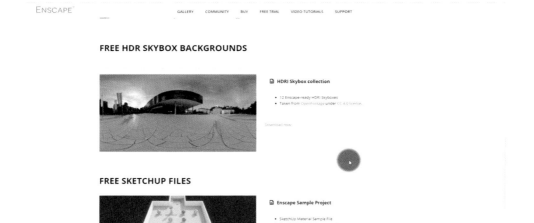

https://enscape3d.com/free-sample-projects/

위와 같은 주소로 들어가면 엔스케이프 공식 홈페이지에서 무료 HDR SKYBOX 배경 이미지들을 다운로드할 수 있다.

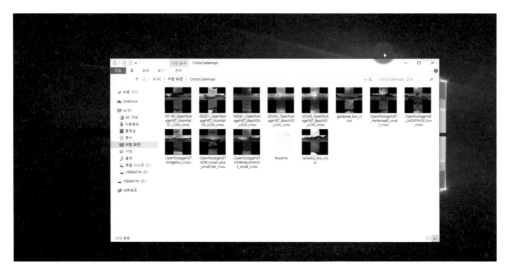

엔스케이프 공식 웹에서 다운로드한 HDR SKYBOX 이미지들. 총 12개의 HDRI 파일들을 사용할 수 있다.

엔스케이프 설정 창에서 직접 사용을 해 보자. ATMOSPHERE 탭에서 [Load Skybox from File]을 선택하여 HDRI 파일들을 업로드해 보자.

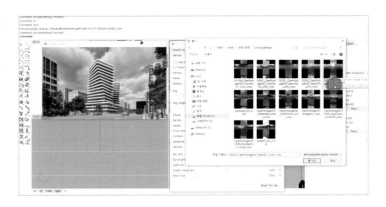

원하는 HDRI 파일을 선택 후 열기를 누르면 곧바로 엔스케이프 하늘과 HORIZON을 대신해서 HDRI 이미지가 빛 환경을 조성해 준다.

"BEACH 01" HDRI를 사용한 배경 이미지. ROTATION을 통해 HDRI 하늘의 방향을 돌릴 수 있다.

Use Brightest Point as Sun Direction이라는 체크박스를 켜 두면 HDRI 이미지의 가장 밝은 부분을 햇빛의 광원으로 설정할 수 있다.

"BEACH 05" HDRI를 사용한 배경 이미지. 비교적 강렬한 주황색 햇빛이 적용된다.

"BRIDGELOW" HDRI를 적용한 이미지. Normalize Brightness 설정을 켜서 HDRI 배경 이미지의 밝기를 조정할 수 있다.

기본 엔스케이프 하늘과 HORIZON이 적용된 이미지.

"BEACH 05" HDRI를 사용한 최종 렌더 이미지.

"BEACH 01" HDRI를 사용한 최종 렌더 이미지.

간단하게 해 본 야경 이미지. 라이노 빛(LIGHT)의 개입을 통해 NIGHT SHOT이 가능하다. 엔스케이프 실시간 렌더 창에서 "U" 및 "I"를 눌러 시간을 바꾸면서 밤/낮 조정이 가능하다.

PROJECT 03
라운지 인테리어 렌더 LOUNGE INTERIOR PERSPECTIVE

최종 렌더링 결과물.

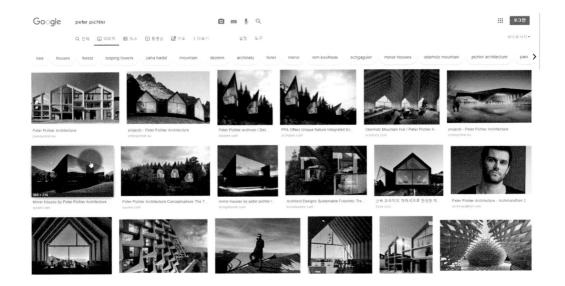

이번 프로젝트의 주요 디자인 콘셉트는 밀라노에 자리 잡고 있는 Peter Pichler의 작품 중 하나인 OBEREGGEN MOUNTAIN HUT의 디자인을 참고하여 공간을 만들어 보고, 실내 인테리어에 필요한 요소들을 함께 구성해 보는 것이다. Peter Pichler는 이탈리아 출신 건축 디자이너로 최근 다양한 프로젝트 완공으로 크게 명성을 얻고 있다. 그는 Computational / Parametric Design 형태를 따뜻한 자연 소재로 온기를 주었으며, 주변 경관과 절묘하게 녹아들어 완벽한 조화를 건축으로 표현하는, 기대되는 젊은 건축가 중 한 명이다.

http://www.peterpichler.eu/

Inspiration image. 충격적으로 아름다운 실내 공간이다. 필자는 이 이미지를 보고 단숨에 감동했으며, 라이노로 재구성하여, 공간의 형태와 구성을 공부하고자 하였다. 본 프로젝트는 건축의 디자인 제작보다는 실내 공간 환경을 조성하는 방법을 알아보는 것으로, 공간의 표현은 독자의 자유다. 모델링 과정은 최소화하고 실내 공간 렌더링을 위한 준비에 관한 기술들을 배워 나가 보자.

http://www.peterpichler.eu/

실내에서 보는 바깥의 자연경관. 박공형 지붕 아래 멋진 절경이 프레임 안에 담겨 있다. 실내 공간 Tone 또한 따뜻하고 깔끔한 가구들로 식당/카페를 만들었다.

ABOUT NEWS PROJECTS PEOPLE CONTACT

**PETER
PICHLER
ARCHITECTURE**

1 2 3 4 5 6 7 8 9 10 11 12 13 14 15 16 17 18 19 20

OBEREGGEN MOUNTAIN HUT
OBEREGGEN, ITALY

Peter Pichler Architecture, in collaboration with Arch. Pavol Mikolajcak, won a competition to design a new mountain hut at 2.000m in the Italian Dolomites in 2015.

The new hut contains a restaurant and is located next to the cable station Oberholz in Obereggen with direct connection to the ski slope.

The cantilevering structure grows out of the hill like a fallen tree with three main branches creating a symbiosis with the landscape. Each of them is facing towards the three most important surrounding mountains. At the end of the branches a large glass facade frames the surrounding mountains from the interior of the hut. The sloped roof shape of the glasses takes his inspiration from typical huts in the area, while the branching roof and complex structural interior expresses a new and contemporary interpretation of the classic mountain hut.

The interior is defined by a complex, curvilinear and visible wood structure that gradually fades into walls and creates so called "pockets" for intimacy. It could also be seen as a new open space interpretation of the classic "Stube", well known in typical structures of the area.

The entire hut is constructed with wood: structural elements and interior in spruce, the facade in larch, furniture in oak- all typical woods from the area. A homogenous sculpture with local materials.

The ground floor of the hut consists of the main restaurant / lounge area. The bar is located next to the entrance and is directly connected to the restaurant. Kitchen and food storage / delivery space are also on the ground floor. Main restrooms, staff room and technical facilities are located on the -1 floor. The outdoor space is defined by a big terrace oriented towards the southwest.

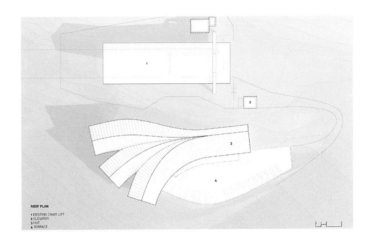

PETER PICHLER 건축가 공식 웹사이트에서 가져온 ARCHITECTURAL ROOF PLAN. 건축의 형태를 쉽게 이해할 수 있다. 1개의 건물이 3개로 가지처럼 나뉘는 평면에 박공지붕 단면을 SWEEP 1 RAIL 명령어를 통해 라이노로 쉽게 제작할 수 있다.

필자는 위와 같은 이미지 속 라운지 공간을 구성하고 싶었으며, 레스토랑 세팅의 실제 프로젝트와는 다른 실내 공간을 더 따뜻한 감성의 벽난로, Fire Orb 제품을 디자인에 넣어 보고자 한다.

프로젝트의 완성된 디자인 모델
링. 건물 매싱 모델링에 대한 부
분은 생략한다.

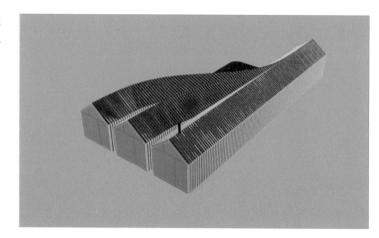

프로젝트 디자인 및 렌더링을
위한 레이어 정리. 이번 프로젝
트에서는 Object Properties
를 통한 재료 설정이 아닌,
Layer에 따른 재료를 설정하였
다. 수고롭지만 레이어 정리를
통해 실내 공간 디자인을 조금
더 체계적으로 관리할 수 있다.

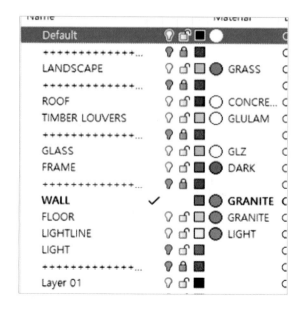

건물의 앞부분엔 녹색 평지를 두었으며, Grass 잔디를 두어 창밖 지평선에 보이는 잔디를 마련해 두었다. 레이어는 "LANDSCAPE"로 지정했다.

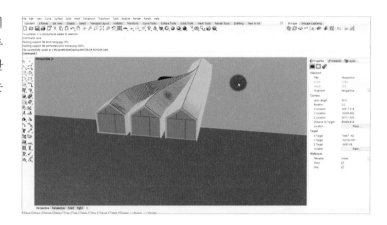

앞서 봤던 지붕 도면을 참고하여 얼추 비슷한 형태로 간단하게 매싱 디자인해 보았다. 필자가 만든 형태와 반드시 같을 필요는 없다. 실내 엔스케이프 렌더링을 위한 디자인 밑작업이므로 독자는 참고용으로 보아도 좋다.

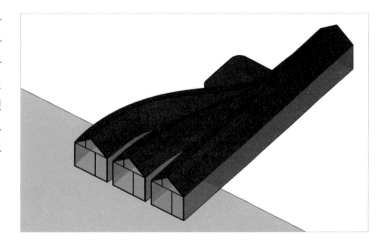

GRANITE, CONCRETE, GLASS 재료를 입혀 놓은 건물 실내 공간.

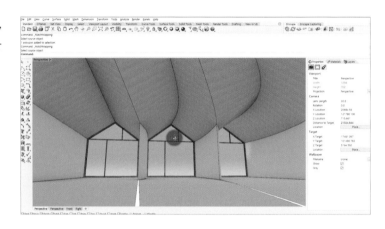

CONTOUR 명령어로 균일 간 격으로 건물의 외피 구조선 을 추출했다. 이후 EXTRUDE CURVE 및 OFFSET SURFACE 를 사용해 목구조의 두께를 조 정했다. 레이어는 "TIMBER LOUVER" 목재 루버라는 이름 으로 지정해 뒀으며, 빠르게 구 글 검색을 통해 본 프로젝트를 닮은 목재 무늬(texture image)를 사 용하도록 하자.

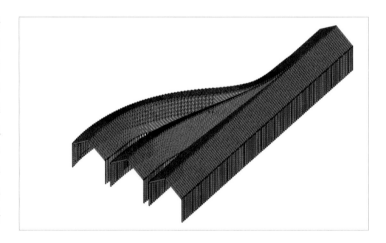

친환경적이며 따뜻한 공간 연출이 가능하기에 최근 들어 목조 건축이 많은 인기를 누리고 있다. 특히 해외에서는 Glued laminated timber라는 접합 목재를 구조적 요소로 많이 사용하고 있다. Glulam이라고 간편하게 표기되는 이 제품의 texture mapping을 검색해 보자.

Kulm Eispavillon Canopy Glulam Structure - Foster and Partners

Yusuhara Wooden Bridge Museum - Kengo Kuma and Associates

필자는 Google image search에서 "Glulam Texture Seamless"라는 키워드로 검색을 해 보았다. 상당히 많은 이미지가 결과에 나온다.

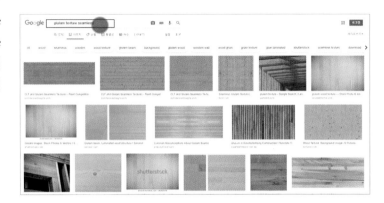

GLULAM.jpg라는 이미지를 다운로드해 접근이 쉬운 폴더에 저장하였다.

위와 같은 방법으로 "GLULAM" 이라는 재료를 만들어 레이어에 적용했다.

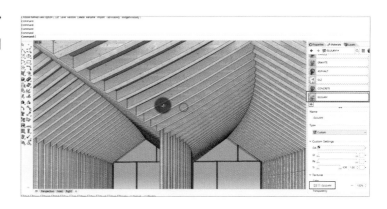

MATERIAL VIEW로 보이는 실내 공간의 재료 구성 및 렌더링을 할 카메라 뷰. 다양한 테스트 렌더를 통해 카메라는 계속해서 수정하면서 완성할 계획이다.

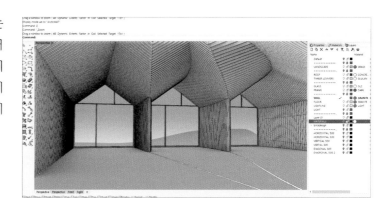

창밖에 보이는 풍경을 가장 먼저 조성해 보자. LANDSCAPE 레이어를 켜 두고 앞서 만들어 놓은 주변 대지에 나무들을 카메라 뷰에 맞춰 심어 놓는다.

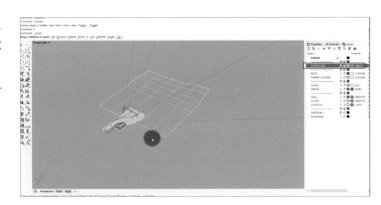

ENSCAPE ASSET LIBRARY 에서 Vegetation 항목에 들어가면 Evergreen 태그를 통해 식재의 종류를 필터링할 수 있다. 상록수인 소나무(Pine Tree)들을 선택하여 창밖에 보이는 풍경에 심어 보도록 하자.

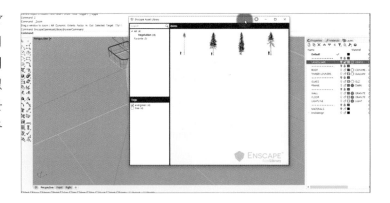

"4View" 명령어 혹은 "4" 입력을 통해 뷰포트를 4분할하여 다양한 각도에서 소나무가 심어지는 모습을 확인하며 작업해 준다.

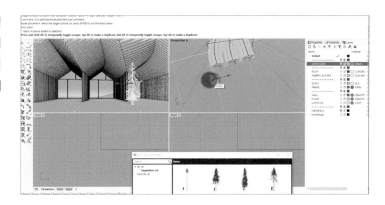

나무 심기가 완료되었다. 창밖의 뷰를 위해서 하는 작업이므로 너무 많은 양의 나무를 심을 필요는 없다.

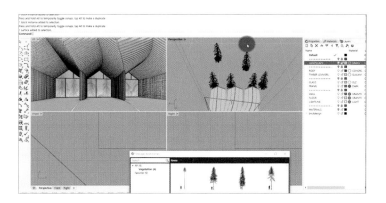

엔스케이프 리얼타임 렌더링을 통해 볼 수 있는 숲 환경의 깊이감. 인테리어 프로젝트이기에 외부 환경에 대한 작업은 최소화하는 것이 좋다. 추가로 Atmosphere: Horizon에서 "Mountain" 설정을 사용하였다.

실내에 유입하는 자연광의 방향을 잡아 보자. 평면 뷰에서 보이는 바와 같이 3개의 창문은 Y축 아래 방향을 향한다. SUN 설정 창에서 기본적으로 북측 방향은 Y축 위 방향으로 제공된다. 사용자가 원할 시, North 방향을 변경할 수 있지만, 지금은 남향이 잘 적용되었기 때문에 기본설정을 사용하여 햇빛이 창문을 통해 잘 들어오게 한다.

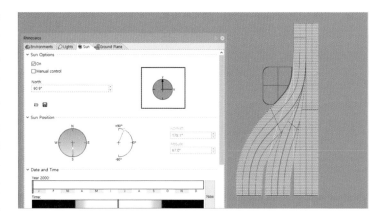

정북 방향을 변형하는 예시. 모델링의 방향이 정북이 아니더라도, 태양 설정 창에서 공간의 방향을 조정할 수 있기에 걱정하지 않아도 된다.

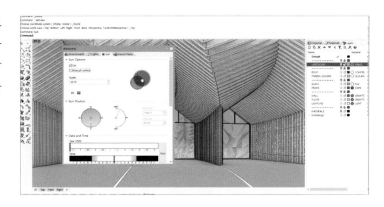

Sun 설정 창 아래에 있는 날짜 및 시간의 조정을 통해 엔스케이프 뷰의 햇빛을 다양하게 컨트롤할 수 있다.

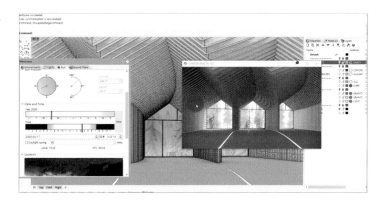

단순한 조작으로 만족스러운
햇빛의 유입을 만들었다. 따뜻
하고 부드러운 자연광이 공간을
밝혀 준다.

완성된 건축 실내 공간의 빛 환
경 및 야외 환경. 엔스케이프
3D의 리얼타임 렌더링이 없었더
라면 굉장히 오래 걸렸을 작업
이다.

완성된 건축 속 실내 구성 요소들. 소파, 의자, 테이블과 같은 가구들과 사람들, 조명, 카펫 등의 액세서리를 통합적으로 공간에 구성하였다. 최종 이미지에 미치는 영향들을 최대한 고려하여 물체들을 삽입하였으며, 하나하나 함께 설명하고자 한다.

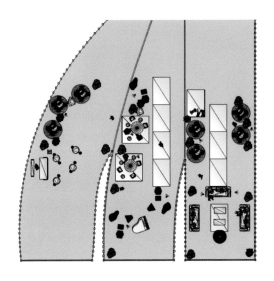

다이어그램 Axonometric View로 보이는 실내 공간 요소들의 배치.

Asset Library에서 큰 덩어리인 소파와 테이블+의자 같은 가구들을 배치해 준다.

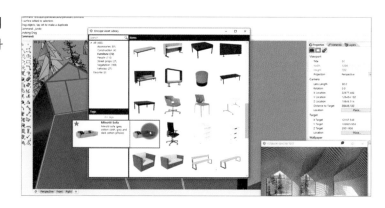

적절한 그룹핑(Group)을 통해 테이블과 의자를 하나의 묶음(Cluster)으로 두어 배치해 주면 작업 효율이 높아진다. 엔스케이프 3D Asset Library에서 가져온 물체들은 주로 레이어 창에서 가장 위에 있는 첫 번째 레이어에 블록 내부 레이어가 설정된다는 점 참고할 것.

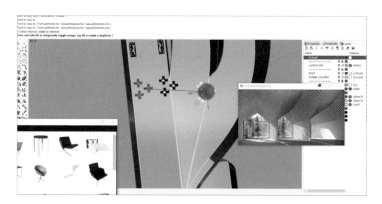

Rug을 적극적으로 사용하여
공간의 분할(Zoning)을 심리적으
로 만들 수 있으며, 포근한 공간
의 연출 또한 가능하다.

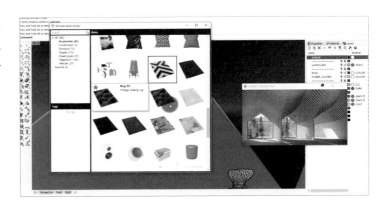

인테리어 렌더링은 디테일이다!
엔스케이프가 제공해 주는 소
품들을 적극적으로 활용해 작
은 디테일들을 최대한 표현한다.

지붕 아래에 걸려 있는 조명도
삽입하며, 크기를 변형하여 공
간에 어울리는 디자인으로 바
꾼다.

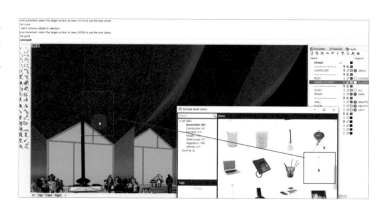

4, 5개의 다양한 크기, 높낮이의
조명들을 묶음으로 두어 이후
배치작업의 효율성을 꾀한다.

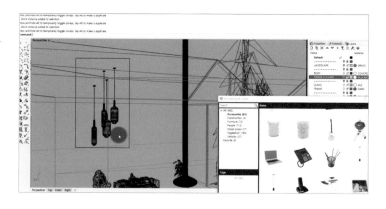

지붕과 목재 구조물 레이어.

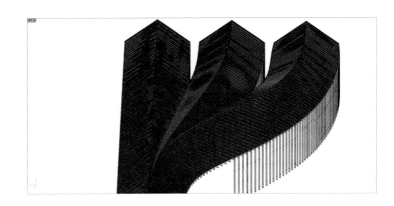

지붕 아래에 있는 실내 가구 배치 및 사람들의 완성.

앞서 언급했듯이 실내에 특이한 형태의 벽난로를 넣어 보고 싶다. 하지만 이 벽난로는 Enscape Asset Library에는 아쉽게도 존재하지 않는다. 실망하지 말고 Google 3D Warehouse를 사용하여 혹시나 있을 수 있는 3D 모델링 파일을 검색해 보자.

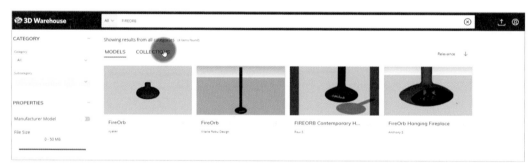

https://3dwarehouse.sketchup.com/search/?q=FIREORB

Google 3D Warehouse는 구글 스케치업 소프트웨어가 발매되면서 생긴 3D 모델링 무료 자료실이다. 다양한 디자이너, 모델러들이 본인의 모델들을 공유하는 장소로 건축에서 산업디자인까지 방대한 자료가 존재한다. 심지어 Herman Miller 등 세계적인 가구 디자인 업체가 무료로 3D 카탈로그를 제공해 주므로 사용자는 자유롭게 가구를 공간에 배치할 수 있고 활용할 수 있는 확장성이 3D Warehouse의 가장 큰 장점이다. 아쉽게도 라이노에는 이런 자료실이 아직까진 없는데, 라이노 6.0 버전으로 업데이트되면서 스케치업 3D 파일의 호환성이 완벽함의 수준으로 좋아졌기 때문에 손쉽게 3D Warehouse의 스케치업 모델들을 다운로드하고 사용할 수 있다. 본 프로젝트를 위해 우리는 "Fire Orb" 검색어로 제품을 찾아보자.

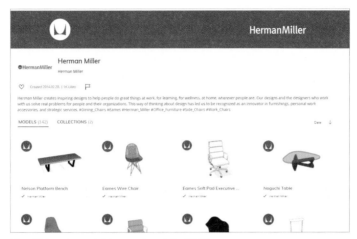

https://3dwarehouse.sketchup.com/search/?q=PIANO

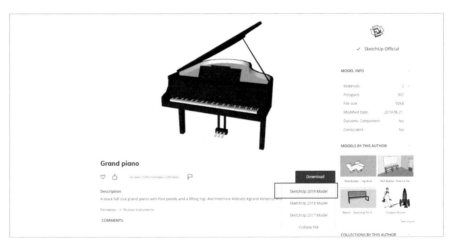

https://3dwarehouse.sketchup.com/search/?q=PIANO

3D 웨어하우스에서 사용할 두 번째 모델인 그랜드 피아노. 검색 후 적절한 파일이 있으면 위와 같이 "Download"를 누르고 원하는 파일 포맷(스케치업 버전)을 선택해 준다. 라이노 6.0으로 업데이트되면서 최신 스케치업 파일 버전을 사용해도 전혀 무관하므로 어떤 버전이든 다운로드해 사용이 가능하다.

Drag & Drop을 통해 스케치
업 파일을 라이노 화면에 떨어
트렸다. File Option 창이 열리
면 "Import File" 버튼을 선택
후 OK를 누른다. 이 작업이 번
거롭다면 "Import" 명령어를
사용해 같은 작업을 실행시킬
수 있다.

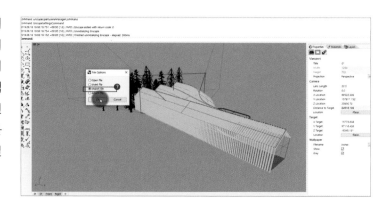

스케치업 파일을 불러오면, SKP
Import Options 창이 뜬다.
필자는 기본설정인 위와 같은
설정 값들을 사용해 모델을 불
러왔다. 라이노에서 추가 모델링
작업이 필요할 땐 Mesh가 아
닌 Trimmed Planes로 설정
해서 불러오는 게 유리하다. 또
한, Join on Import 설정에서
Edge와 Face를 반드시 체크해
주지 않으면 파일 용량이 너무
크게 열리는 경우가 있으므로
조심해야 한다.

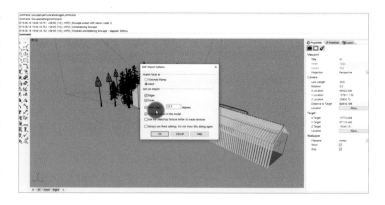

앞서 말한 방법으로 불러오기
한 Fire Orb 모델링 파일. 외
계인의 눈 같은 벽난로 속에
있는 화염 표현까지, 아주 좋
다. 대만족.

라운지 공간 중심부에 벽난로를
설치해 주며 크기를 상황에 따
라 변형하여 적당한 비율로 실
내 공간에 배치해 준다.

3D Warehouse에서 가져온
두 번째 파일인 그랜드 피아노.

재료가 잘 불러와졌는지를 확
인하기 위해 피아노 외의 것들
을 숨겨 둔 채로 엔스케이프를
실행시켜 보았다. 유광이어야 할
그랜드 피아노가 회색빛 무광을
띠고 있다. Block instance에
들어가 세부적으로 피아노 재료
설정을 수정해 준다.

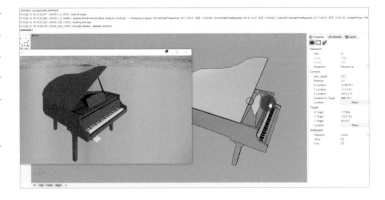

색상을 검은색으로 바꿔 주었
으며 Gloss Finish와 Reflectivity
를 조정하여 피아노의 표면 광
택을 수정해 주었다.

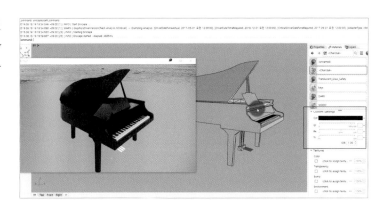

간혹 3D Warehouse에도 만족스러운 모델이 없을 때도 있다. 이를 보충하기 위한 웹사이트가 존재하니, 그것은 Pcon.box이다. Pcon.box는 아직 디자이너들한테 많이 알려지지 않은 디자이너 가구들의 온라인 3D 카탈로그다. 이곳에서는 다양한 브랜드의 디자이너 가구 및 아이템들을 둘러볼 수 있으며, 형태와 재료, 색상들을 다양

https://box.pcon-solutions.com/

하게 커스터마이징을 할 수 있으며, 3D 파일로 다운로드해 받아 볼 수 있다.

기본적으로 웹사이트의 인터페이스에는 3D 모델을 열어 볼 수 있는 환경이 디자인되어 있으며, 왼쪽의 Cataglogs 탭을 통해 다양한 제품 브랜드 등을 찾아 볼 수 있다. 세계적인 건축회사들이 사랑하는 가구 브랜드인 Steelcase도 카탈로그 안에 속해 있다.

Vitra Catalog에 들어가 가
장 대표적인 Eames Lounge
Chair을 불러와 보자.

임스 라운지 체어의 무늬목 재
질과 색상, 다양한 옵션들을 바
꿀 수 있다. Vitra사의 두 종류
의 라운지 의자들과 더불어 가
장 오른쪽에는 네덜란드 건축디
자인 사무소인 UNStudio가 협
업하여 디자인한 Walter Knoll
사의 분홍색 MYchair을 배치
해 보았다.

MYchair, Walter Knoll _ UNStudio 2008

좌측 메뉴의 가장 아래에 있는
다운로드 버튼을 누르면 사용
자가 배치해 둔 가구 파일들을
본 컴퓨터에 저장할 수 있다. 필
자의 다양한 실험을 통해 FBX
파일 포맷이 가장 호환성이 좋
았다.

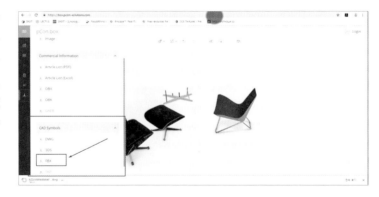

스케치업 파일과 비슷한 방식
으로 파일 불러오기(import) 과정
을 거쳐 원하는 공간에 배치한
Pcon.box 프로젝트 파일들.

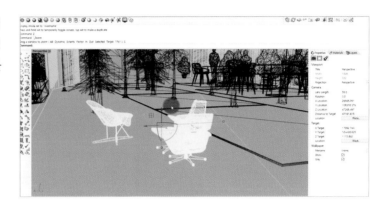

재료와 색상, 모델링이 완벽하게
입력된 것을 확인할 수 있다. 간
혹 Gloss Finish가 너무 강할
때가 있으므로, 수정 작업이 필
요할 수 있다.

완성된 주경의 실내 인테리어 렌더링. 전체 이미지에 건축디자인이 30%의 비중을 차지한다면 나머지 70%는 빛과 공간을 채우고 있는 요소들이다. 공간 속의 소품들을 절충적으로 사용하여 균형감 있는 이미지를 만드는 공간 감각이 중요하다.

전문가들이 가장 어려워한다는
야간 인테리어 렌더링. 야외에
서 유입되는 빛과 실내에서 밝
혀지는 인공조명의 적절한 비율
을 맞추기 위해서는 많은 실험
과 작업이 필요하기 때문이다.
엔스케이프 3D에서는 인공조명
을 실시간으로 조절할 수 있으
며 그 효과를 직관적으로 확인
할 수 있으므로 그 효율성이 획

기적으로 좋아졌다. 필자 또한 야간 렌더(Night Render)에 대한 두려움이 있었지만, 엔스케이프를 통해 너무 쉽다는
것을 깨달았다. 소프트웨어 기술 발전의 혁명인 셈이다.

설치된 인공조명들의 위
치와 개수를 확인 가능한
wireframe view. 조명을 제
외한 나머지 물체들을 Lock시
켜 놓은 상황이다.

Vray와 달리 엔스케이프는 소
프트웨어만의 인공조명(Artificial
Light) 물체가 없다. 단순히
Rhino 6.0에서 제공하는 조
명을 사용하면 된다. Render
Tools 탭에 나오는 Lights는

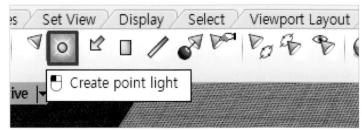

단순하게 5종류가 존재한다. 그중 필자는 가장 사용이 간편한 Point Light인 포인트 라이트를 주로 사용한다.
포인트 라이트는 방향성이 있는 Directional Light와 다른 방사형 인공조명으로 전구와 같이 한 점에서 빛이
퍼져 나오는 빛의 형태다.

라이노에서 제공하는 다양한 조
명(Light)의 종류들.

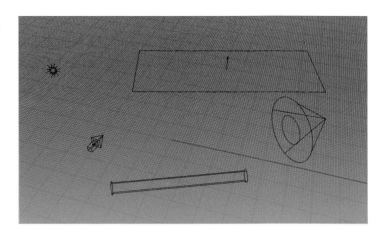

조명의 종류와 효과를 단적으로 보여주는 예시.

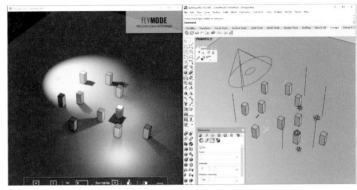

(출처: forum.enscape3d.com)

"Lights" 명령어를 통해 모델링 파일 속에 존재하는 조명들(태양 포함)을 통합적으로 관리할 수 있다.

"Lights" 명령어를 통해 모델링 파일 속에 존재하는 조명들(태양 포함)을 통합적으로 관리할 수 있다.

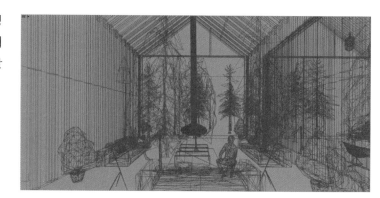

앞서 만들어 둔 렌더링값인 "INTERIOR RENDER" 뒤에 Night 의 약자를 넣어 "INTERIOR RENDER N"로 새로 저장해 준다 (선택 사항).

"Sun" 명령어 기입 후 태양 조절 패널을 연다. 엔스케이프에서 "U" "I" 버튼으로도 태양의 고도(시간)를 조절할 수 있지만, 라이노에서 세부 설정을 할 수 있고, 라이노에 저장이 되어 계속해서 시간 설정이 유지된다. 이처럼 저녁 시간으로 바꿔 주거나 Manual control 시 Sun Position을 지표면(0도)보다 낮은 위치로 옮겨 주면 된다.

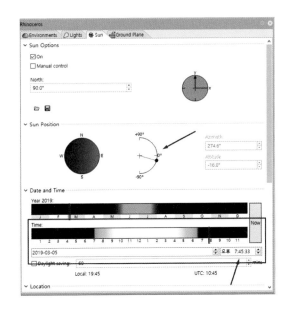

어두워진 실내 조도. Point Light들을 인테리어 조명 요소들에 설치해 주면서 실내 공간에 불을 밝혀 보자.

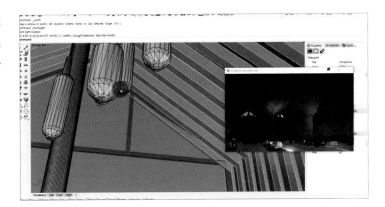

야간 렌더링 작업 과정에서 중
요한 설정 중 하나가 바로 Auto
Exposure 자동노출 설정을 꺼
주는 것이다. 엔스케이프는 자
동노출 기능이 있어 이미지의
밝기를 자동으로 편안한 빛 환
경으로 이미지를 바로잡아 준
다. 하지만 야경 작업 시, 인공조
명의 밝기를 사용자가 조절하여

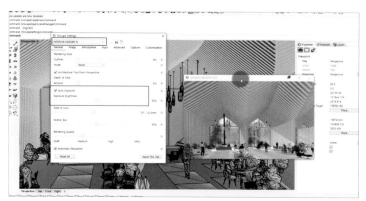

빛의 강도와 분위기를 조절해 줘야 한다. 자동노출(Auto Exposure) 설정이 켜진 상태에서는 인공조명의 밝기가 자동
보정이 되므로 의도한 빛 효과를 보기 어렵다. 야경 렌더 이미지 작업을 위해서는 Auto Exposure 설정을 꺼
둔다는 것을 명심하자.

저녁 시간(7:45 PM) 상황에서 자
동노출 버튼을 껐을 때 생기는
효과. 암흑이 되었다.

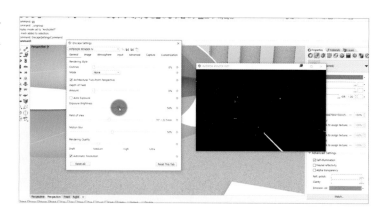

Exposure Brightness를 통해 전체 이미지의 밝기를 조절해 보자. 앞으로 우리는 Exposure Brightness 스크롤과 Artificial Light Brightness 스크롤을 통해서만 이미지의 빛 환경을 조절할 계획이다.

앞서 배치해 두었던 Point Light의 색상과 강도(Intensity)를 조절할 수 있는 Object Properties 창. Intensity 값을 조정하면서 포인트 라이트가 밝아지고 어두워지는 것을 확인할 수 있다.

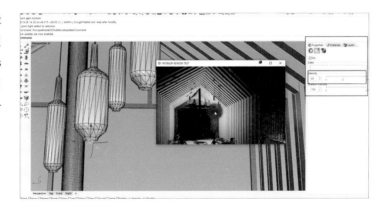

Point Light의 단점 중 하나는 바로 빛
이 있지만 투명하기에 광원이 없다는
것이다. 전등에 빛은 있는데 전구가 없
는 셈인데, 전구를 아주 간단하게 만들
어 조명 안에 심어 넣자. 작은 Sphere
혹은 Pipe를 만들어 전구나 필라멘트
형태로 모델링을 만들어 Point light+
광원 모델+Light Fixture 전등 모델,
3가지를 한 그룹으로 묶어 둔다. 광
원 모델은 "LIGHT" 재료로 설정하
여 Emission Color를 위와 같이 밝
은 주황색으로 바꿔 준다. 광원 모델
"LIGHT" 재료는 사실상 인공조명으로
는 사용이 어려운 "빛 발산하는 재료"일
뿐이기에, "발광하는 빛"인 Artificial
Light 배치가 필요하다.

최종적으로 보이는 Point Light과 광원이 빛나는 모습.

현대적인 디자인의 벽난로,
Fireorb. 야간 렌더링을 위해
불빛을 넣어 주자.

3D 웨어하우스에서 불러온
Fireorb 스케치업 모델. 벽난로
모델 속에 화염 텍스처(texture)의
면이 보인다. 모델을 더블클릭하
거나 불러온 블록(Block)을 선택
후 "BlockEdit" 명령어를 통해
세부 모델을 선택한다.

Shaded Display Mode에서
는 내부에 있는 면이 잘 보이지
않으니, Ghosted Mode 혹은
Rendered Mode를 사용하여
내부 면을 확인 후 선택하자.

Unnamed 이름으로 설정된 화
염 모델링. Color를 확인하면
Texture Image를 사용 중이
라는 것을 알 수 있다.

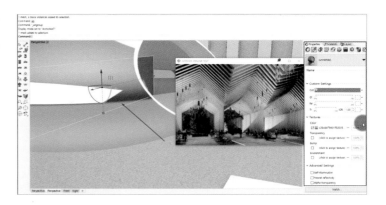

Material 창의 Texture 칸 아래에 Advanced Settings난의 Emission Color(빛 발산 색상)를 검정에서 빨간색(주홍색)으로 변경해 준다. (검은색은 빛을 발산하지 않는다는 뜻이다.) 바로 화염에서 보이는 빨간 불빛.

따뜻한 벽난로에서 빛이 발산되는 것을 엔스케이프 렌더링에서 볼 수 있다.

엔스케이프 설정 창에서 Advan-
ced 탭을 열어 보면 인공조명 밝
기(Artificial Light Brightness)는 통합
적으로 조절할 수 있다. 개별적
조절은 조명 물체의 Intensity
에서 가능하며, 엔스케이프 설정
창에서는 모든 조명 요소를 종
합적으로 조절을 해 줄 수 있다.

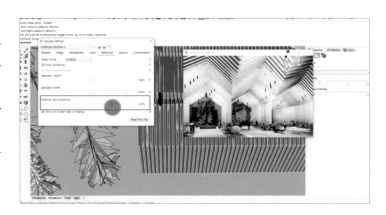

Image 〉 Bloom에서 빛의 농
도(볼륨)를 조절할 수 있으며
Bloom 값을 올려 주면, 빛이
반사되는 구간에 부드러운 안개
가 생겨나는 효과를 볼 수 있다.

Bloom 값을 60%로 올리면서
보이는 빛의 뽀샤시 효과.

최종 렌더링을 위한 모델이 완
성되었다. 다양한 방법으로 3D
라이브러리에서 많은 요소를 활
용해 공간을 채워 넣었다.

"LIGHT" 레이어에 저장된 광원
(LIGHT) 물체들.

엔스케이프 사용자 설정을 통해
주간 렌더(Day time Render)와 야간
렌더(Night time Render)를 전환할
수 있다.

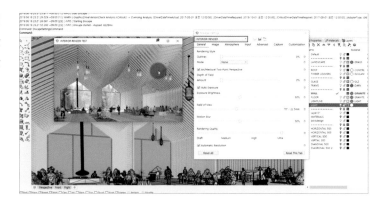

"INTERIOR RENDER N"으로
야간 렌더를 설정.

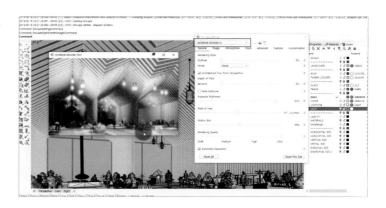

사람과 인테리어 소품들을 적극적으로 배치해서 만든 공간의 활기. 인테리어 가구들이 배치되어야만 그 공간의 성격과 용도를 비로소 읽을 수 있다.

빛을 넣어 야간 렌더가 완성되었다.

주간 렌더 뷰 "02".

야간 렌더 뷰 "02".

PROJECT 04
호텔 인테리어 렌더 HOTEL INTERIOR PERSPECTIVE

최종 렌더링 결과물.

V by Crown Group, Interior by Koichi Takada Architects

자연 소재로 온기 있는 인테리어 디자인을 전문적으로 하는 일본 건축가 Koichi Takada의 호주 회사 KTA. 목재 루버를 적극적으로 사용하여 고급스러운 공간 디자인을 성공적으로 이끌었다. 흰색과 목재 루버를 사용해 미니멀한 실내 침실 공간을 디자인하여 렌더링해 보자.

5m×11m 크기의 호텔 방을 제
작해 보았다. 한쪽 벽면에는 침
대 머리맡 헤드(HEAD) 디자인으
로 대리석 재질의 돌출 매싱을
두었다(라이노 화면상의 뷰).

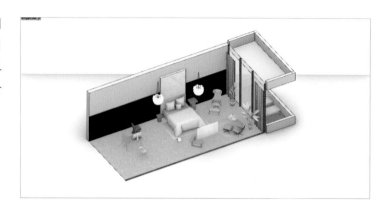

벽면에는 15mm×25mm 크기
의 목재 루버를 일정 간격으로
나열해 두었다.

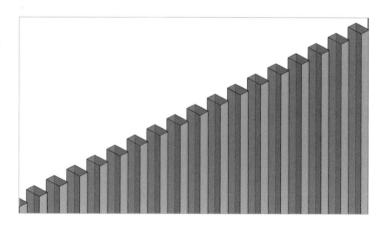

이전 프로젝트에서 소개했던 PconBox 웹페이지를 통해 원하는 가구를 선택하여 온라인 공간에 배치, 이후 FBX 포맷으로 물체들을 다운로드해 라이노에 불러왔다. Vitra사의 Grand Repos and Ottoman 라운지 체어를 선택했다. Configure 버튼을 눌러 제품의 색상이나 재질, 크기를 변형시킬 수 있다.

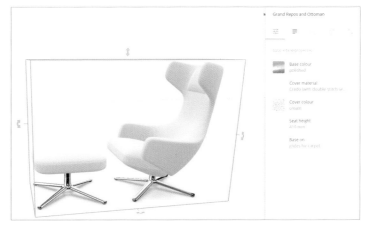

https://box.pcon-solutions.com/

Vitra사의 Noguchi Coffee Table을 선택한다. 미국-일본 예술가 Isamu Noguchi가 디자인한, 세계적으로 주목받고 있는 모더니즘을 대표하는 가구 중 하나다.

노구치 커피 테이블을 배치하고
다른 제품들을 추가로 가져와
서 FBX 파일로 저장, 라이노에
서 Import 했다.

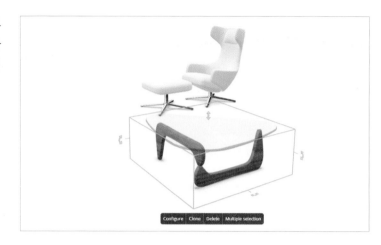

Louis Poulsen의 Artichoke
Pendant Lamp. 덴마크 실내
조명 디자인의 대표적인 작품
이다. 반투명한 재질의 눈꽃 송
이가 은은하게 실내 공간을 밝
힌다.

스케치업 3D 웨어하우스
에서 검색하여 찾은 Louis
Poulsen의 Pendant 조명. 다
운로드 후 라이노상에서 불러
오기를 한다.

완성된 디자인 공간. 엔스케이
프가 기본으로 제공해 주는 침
대와 카펫(러그), 텔레비전과
실내 식재 등을 추가로 구성하
였다.

실내 배치도. 중앙의 삼각형은 최종 렌더링의 명명된 뷰의 카메라 위치다. 난간과 창문 프레임도 대략 설계하여 공간의 깊이감이 보이는 작은 디테일들로 강조하였다.

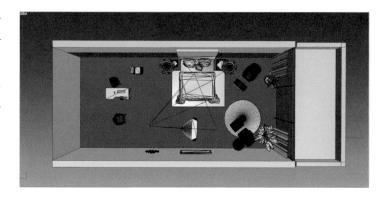

"신은 디테일에 있다(God is in the detail)." 미스 반데어로에의 말처럼 인테리어 렌더를 위해서는 사소한 디테일들이 렌더링의 풍미를 좌우한다. 커튼도 그렇다. 인테리어 렌더링을 위해 가구의 배치와 조명도 중요하지만, 간혹 쉽게 무시할 법한 커튼과 공조

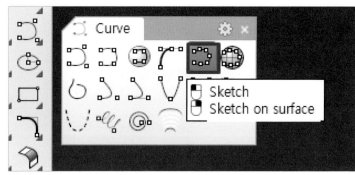

시스템의 아웃풋 등을 추가로 그려 주면 이미지의 품질이 선명하게 좋아진다. 간단하게 모델링 할 수 있는 실내용 커튼을 만들어 보자. 우선, 라이노의 Curve Tool에서 "Sketch" 명령어를 사용한다.

Sketch 명령어는 평면상에서 자유 곡선을 쉽게 스케치하게 해 주는 기능이다. 커튼의 주름진 평면을 아주 쉽게 그려 준다.

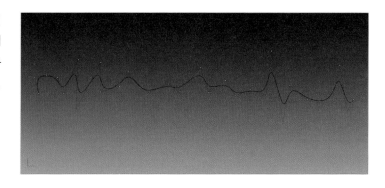

Extrude Curve 하면 끝. 기존 창문의 위치 양옆에 커튼들을 배치해 주어 창문이 반쯤 개방된 모습으로 표현해 준다.

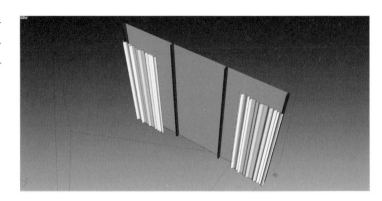

커튼의 옷감(Fabric) 재질을 사용하여 디테일을 완성하였다.

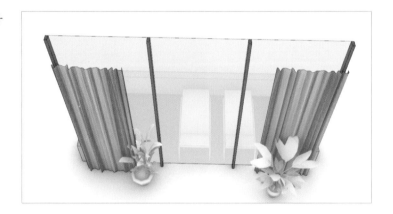

커튼 모델링 배치 전.

커튼 모델링 배치 후. 실내 공간
의 자연스러움이 훨씬 잘 전달
된다.

건축디자인에서 흔히 표현하기 힘든 이미지 중 하나가 바로 단면 렌더링이다. SECTION RENDER라는 이미지들은 2차원 단면을 3차원으로 표현

하기 위한 것으로, 상대적으로 복잡한 작업 과정이 요구되며 보통은 포토샵 작업이 많이 요구된다. 라이노에는 CLIPPING PLANE(자르는 가상의 면)이라는 명령어로 물체를 다양한 방향으로 단면을 자룰 수 있다. 얼마 전까지만 해도 CLIPPING PLANE이란 라이노 뷰포트상에서만 PREVIEW(확인용)으로만 사용이 가능했지만, 엔스케이프의 도입으로 CLIPPING PLANE의 잘려 나간 3차원 모델이 그 내부를 실시간으로 렌더할 수 있게 됐다. 단면 렌더를 실시간으로 해 보자.

CLIPPING PLANE 2개가 동시에 사용된 모습. 핑크색은 평면상의 CLIPPING PLANE이며 파란색은 단면을 자른 것이다. 엔스케이프는 CLIPPING PLANE이 화면에 보인다면(숨겨져(HIDE) 있을 땐 비활성화된다) 단면 렌더링이 가능하다.

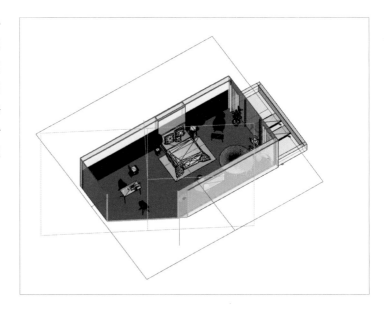

평면적으로 클리핑 플레인 (CLIPPING PLANE)을 두어 보이는 천장이 잘려 나간 단면. 그래픽적으로 깔끔하고 빛과 재료의 사용이 선명하게 읽힌다.

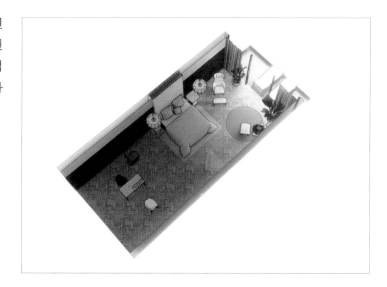

CLIPPING PLANE 명령어 중 Vertical("V" 입력)을 사용하여 수직으로 자르는 면을 만든다. 침실 실내 중앙을 가로질러 입체적인 단면을 만들었다.

밝기를 조금 조정하여 실내
공간을 조금 더 밝게 만들었
다. 엔스케이프의 CLIPPING
PLANE 호환성 덕분에 단면 렌
더링 SECTION RENDER을
손쉽게 만들 수 있게 됐다.

MATERIAL ID과 DEPTH CHANNEL 저장을 통한 이미지 관리

| Image | Depth | Material ID |

https://enscape3d.com/export-options-in-enscape/

엔스케이프 Export 렌더링 옵션에 대한 추가 채널들을 기본으로 제공해 준다. 이는 추후 포토샵 작업에 획기적인 작업 효율을 전달해 준다. 엔스케이프에서는 Depth와 Material ID 채널을 저장할 수 있다. 두 채널의 활용 및 적절한 응용법을 알아보고자 한다.

최종 렌더링 이전에 엔스케이프 설정 창에서 Capture 〉 Image 〉 Export Material-ID and Depth Channel을 체크해 둔다.

체크박스 설정 후 한 번에 저장
된 3개의 렌더 파일들.

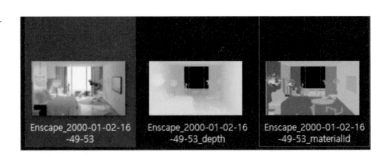

저장된 최종 렌더링 이미지. 예
로 "Enscape_2000-01-02-
03-04-06.png"로 자동 저장
된다.

Material ID 채널이 저장
된 이미지. 이 채널은 모델에
서 사용된 같은 재료들을 기
준으로 각기 다른 색으로 색
칠된 이미지다. 이것은 예로
"Enscape_2000-01-02-03-
04-06 _materialId.png"로
자동 저장된다.

Material ID의 가장 기본적
인 사용방법은 포토샵(Adobe
Photoshop)에서 본 렌더링 레이어
위에 두어 재료별 빠른 선택을
하게 해 주는 것이다.

Material ID 레이어의 노란색
부분을 마술봉(Magic Wand Tool (W))
으로 선택하여 오른쪽 벽면을
단숨에 선택할 수 있게 된다.

선택된 부분을 바로 Adjustment
메뉴를 사용하여 Brightness/
Contrast 밝기 수정을 통해 어
두운 벽으로 바꿀 수 있다.

또한, 색상을 입혀 완전히 다
른 느낌의 벽체로 바꿀 수 있다.
Material ID의 활용을 통해 이
미지 수정 중 영역 선택 시간을
혁신적으로 단축할 수 있다.

Capture 〉 Image 〉 Depth
Range 스크롤을 사용하여 이
미지의 심도, 뷰파인더에서 거
리감을 흑백으로 보여 주는
Depth Channel을 조절할 수
있다.

"Enscape_2000-01-02-03-04-06_depth.png"로 저장된 Depth Channel. 포토샵에서 이를 채널로 사용하여 아웃포커싱 Focal Point를 조절할 수 있다.

섹션 렌더링에서 저장되는 Depth Channel.

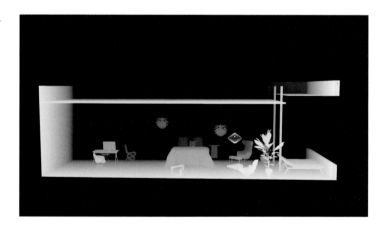

다만, Depth Channel의 사용
을 통한 포토샵 후보정은 때론
번거로울 수 있다. 엔스케이프는
별도의 가우시안 블러(Gaussian
Blur)의 사용 없이 렌더링 자체적
으로 Depth of Field 아웃포
커싱 효과를 줄 수 있다. 엔스케
이프 설정 창에서 General 〉
Depth of Field 스크롤을 사
용하여 피사계 심도의 깊이를
조절하고, 포커스 포인트를 수
동 설정할 수 있다.

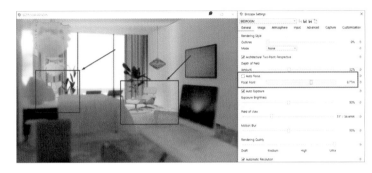

이미지 앞쪽의 책상, 컴퓨터에
초점을 두고 아웃포커싱을 한
이미지.

발코니와 커튼 쪽에 초점을 두어 인포커싱 효과를 준 이미지. Focal Point의 변경으로 완전히 다른 콘셉트의 이미지가 완성되었다.

최종 렌더링 결과물.

최종 렌더링 결과물.

Desert Rose 장미석 원석은 사막의 미네랄 석고와 다양한 미네랄 모래가 섞인 충정석으로 이루어져 있으며 장미 모양처럼 생긴 데서 따온 구어체의 이름이다. 편평한 결정들의 응집이 꽃잎 모양을 이루고 있고 굴곡진 잎사귀 모양들이 벌어져 있는 것이 특징이다. (출처: 네이버 블로그 _ 페리도트)

프리츠커 건축상(Pritzker Architecture Prize)을 수상한 프랑스 건축가 장 누벨(Jean Nouvel)은 카타르 도하에 장미석을 콘셉트로 카타르 국립 박물관(Nationl Museum of Qatar)을 완성하였다. 사막의 오아시스 도시인 도하에 거대한 미네랄 결정들이 공간을 이루어 역사적인 랜드마크를 초현실적으로 이루었다. 이번 프로젝트에서는 장 누벨의 카타르 국립 박물관의 자연적인 형태를 라이노에서 간단하게 따라 만드는 방법을 탐험해 보고 엔스케이프로 세계적인 건축 명작을 흉내 내 보자.

Architectural and Museographical Design: The Desert Rose

A series of colliding discs form the external shell and define the internal programme of Atelier Jean Nouvel's National Museum of Qatar, which is based on a mineral formation called the "desert rose".

The project led by Pritzker Prize-winning architect Jean Nouvel is located on a prominent site within a newly developed civic quarter that connects it with other cultural institutions including I M Pei's Museum of Islamic Art.

More than a decade in the making, the National Museum of Qatar is designed to tell the story of the country's history and its ambitions for the future.

"This is a 21st-century museum that allows you to experience the exhibits in three dimensions," said the architect at the museum's inauguration. "It aims to be a destination for people from around the world that reflects the contemporary spirit of Qatar."

The building's dramatic shape is inspired by the desert rose – a mineral formation created when minerals crystallise below the surface of a salt basin into an array of flat plates resembling rose petals.

(출처: Dezeen)

건설 현장의 건축물. 비정형 건축물이 지어지는 모습을 보면 현대 건설 기술의 **최정점**(State of the Art in Construction)을 확인할 수 있다. 모든 원판 결정들이 어지러운 기하학의 개별적 구조물로 설계 및 설치되는 과정이 경이롭다.

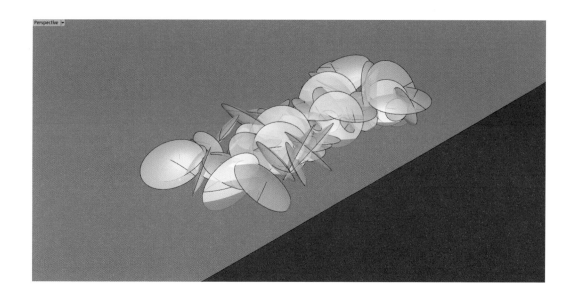

완벽하진 않지만, 얼추 비슷한 느낌의 Desert Rose Concept 원판형 결정들이 자유롭게 엮여 있다. 엔스케이프 이전의 최종 라이노 디자인 모델. 간단해 보이는 디자인이지만 한땀 한땀 수작업으로 디자인하려면 매우 많은 시간과 시행착오가 필요하다. 자연 발생적 형태를 만들기 위해서는 자연의 무작위성(Randomness)이 필요하다. 이 작업을 도와줄 라이노의 무료 플러그인인 Rhino Grow를 소개하고자 한다.

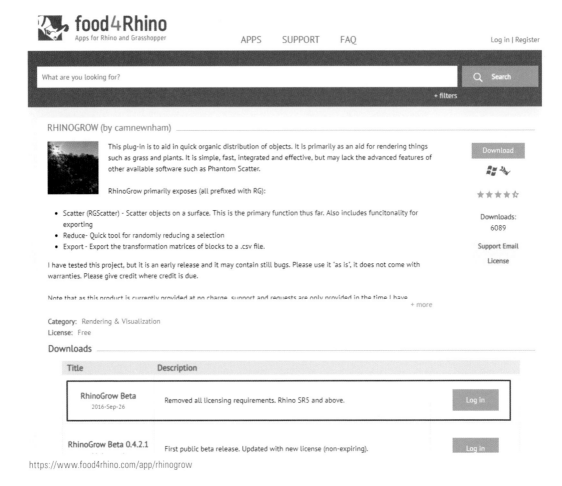

https://www.food4rhino.com/app/rhinogrow

라이노 그로우(Rhino Grow)라는 무료 플러그인을 설치해 보자. Food4Rhino라는 웹페이지에서 다운로드할 수 있는 개발자 프로그램인데, 이는 3D 모델링을 유기적으로 배치하므로 식재나 대중(Mass Population)을 기준 면에 순간적으로 흩뿌리게 해 준다. 이 중 Scatter라는 기능을 사용하여 장 누벨의 건축물을 순식간에 만들어 보고자 한다. 사실 Rhino Grow는 식물, 잔디, 나무 배치를 위한 도구지만 우리는 이 기능을 디자인에 접목(Graft)해 또 다른 표현의 가능성을 열어 본다.

RhinoGrow

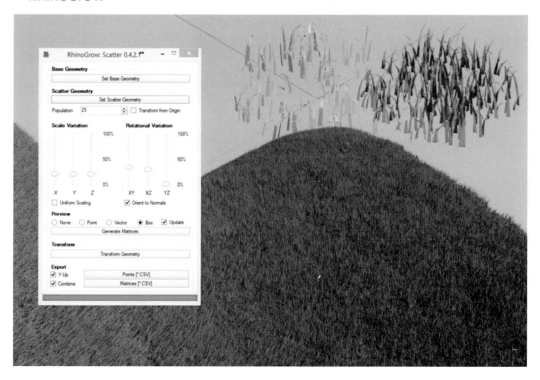

Rhino Grow 기술이 기본적으로 보이는 기능. 울퉁불퉁한 곡면 Surface에 잔디 3D 모델을 입력하여 우후죽순 녹지가 생성되는 결과물을 볼 수 있다.

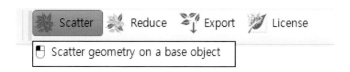

Rhino Grow 플러그인이 설치된 이후 툴바에 보이는 Scatter Tool. 흩뿌리는 플러그인의 주요한 툴이다. 이번 프로젝트에서는 툴바의 가장 좌측에 보이는 Scatter 버튼만 응용해 보며 그 사용법을 알려 줄 계획이다.

사실상 복잡한 기하학 구조를 띠고 있는 Desert Rose의 변형, 확장 논리(Logic). 이 유기적 결정체를 단순화하여 추상적인 (Abstract) 형태로 만들자.

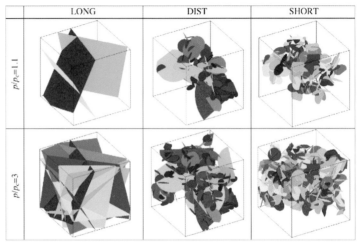

출처: www.semanticscholar.org

가장 기본이 되는 원판을 만든다. 라이노의 Solid Creation 〉 Paraboloid(파라볼로이드)를 제작해 중앙이 볼록한 원판을 만들어 납작한 모서리지만 풍만감 있는 기초 모델을 만든다.

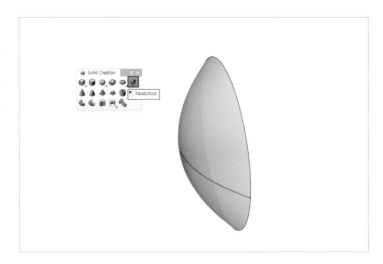

"Mirror" 명령어로 파라볼로
이드 밑변을 대칭축으로 반
사/복사한다. 이후 제작된 두
입체 면을 Join하여 Closed
Polysurface로 만들어 준다.

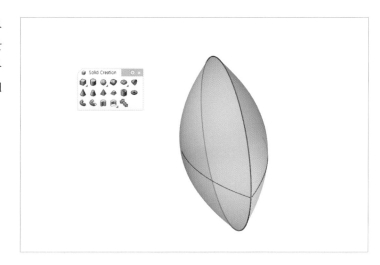

세로 방향으로 제작된 볼록
한 형태의 원판. 비율적으로
너무 뚱뚱해 보이기 때문에
Gumball로 얇게(Scale Down) 변
형해 주자.

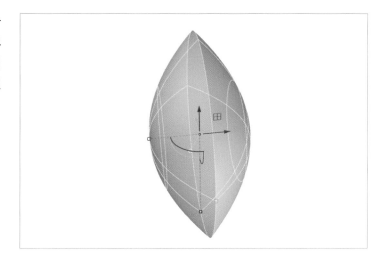

Gumball의 빨간색 축(Y축)에 보이는 작은 사각형 박스를 잡고 끌어당기면 완성된 물체가 변형된다.

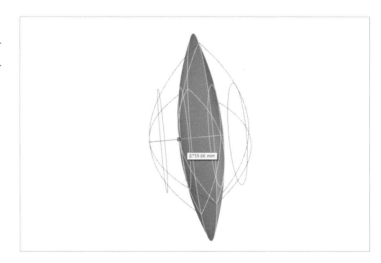

얇은 바둑알 같은 형태의 원판과 디자인될 건물이 놓일 Base 대지를 제작하면 모델링은 여기서 완료.

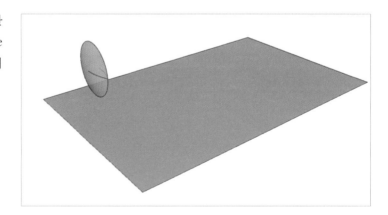

앞서 소개했던 Scatter Tool을
사용해 보자.

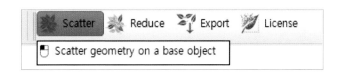

플러그인이 잘 설치되었을 시
열리는 RhinoGrow Scatter
설정 창. 조금 복잡해 보이는 버
튼들과 조작법. 의외로 직관적이
고 단순 명료하다.

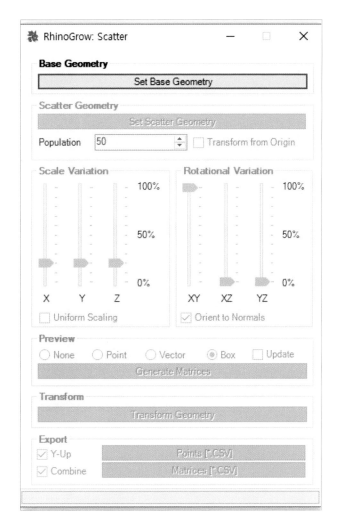

물체가 흩뿌려질 공간(대지) 하나를 선택한 후, Base Geometry 〉 Set Base Geometry 버튼을 클릭한다. Multiple 선택도 가능하지만, 컴퓨터의 성능 저하가 이뤄진다. Base Geometry는 하나씩 개별적으로 설정하는 것을 권장한다.

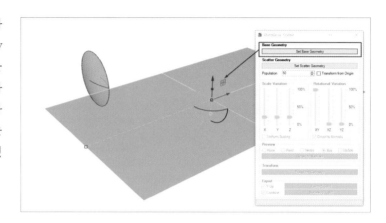

바둑알 같은 원판 모형을 선택한 후 Scatter Geometry 〉 Select Scatter Geometry 버튼을 클릭한다. 이제부터 파티가 시작된다.

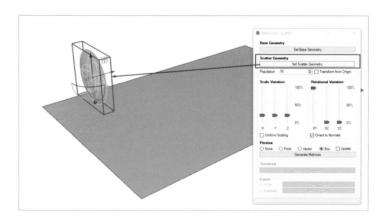

보라색 상자에 강조했듯이 Update를 활성화해 주면 더 쉽게 입력되는 설정 값에 반응하는 결과값들을 실시간으로 확인할 수 있다. Box Preview로 대략 보이는 물체의 결정들을 Bounding Box 형태로 확인할 수 있다.

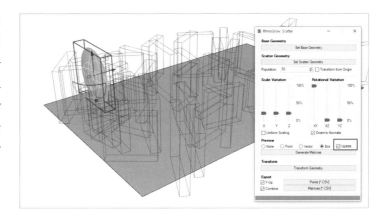

Scale Variation과 Rotation 설정의 변화를 통해 원판들의 크기와 회전 방향을 설정할 수 있으며, Uniform Scaling을 통해 동일 형태와 비율로 Scale 3D 되는 것을 유지해 둔다.

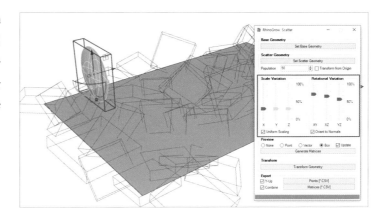

Population난에 입력되는 숫자를 써넣으면서 유기적으로 흩뿌려지는 형태의 개체 수를 늘리거나 줄일 수 있다. 만약 변화 값에 반응을 하지 않는다면 Generate Matrices를 수동으로 클릭하여 프리뷰할 수 있다. Generate Matrics를 여러 번 누르면 결과 값들이 클릭과 동시에 수시로 변형된다. 이를 통해 유기적 변형 중 선호하는 형태를 선택할 수 있다.

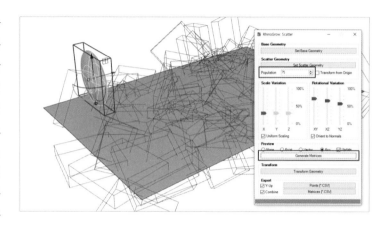

프리뷰가 만족스럽다면 Transform Geometry 버튼을 눌러 "Bake"를 출력해 준다. Transform 완료되면 실제로 사용할 수 있는 디자인 물체 Physical Object가 된다. Sellast 및 Group 작업을 잊지 않고 해 주면 더더욱 좋다.

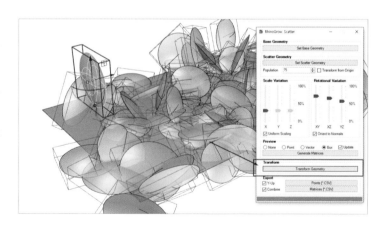

Population 값에 따른 Scatter
Tool의 다양한 결과 값 1.

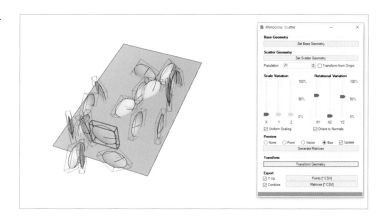

Population 값에 따른 Scatter
Tool의 다양한 결과 값 2.

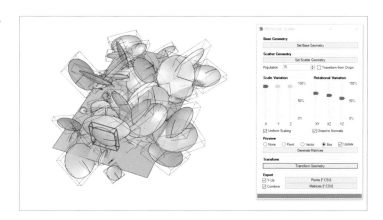

Population 값에 따른 Scatter
Tool의 다양한 결과 값 3. 재미
있지 않는가?

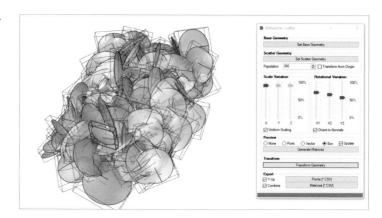

이번 프로젝트는 순수 콘셉트 디자인(Concept Design)을 목표로 하고 있기에 추가적인 작업을 하지 않겠다.

샌드(Sand) 컬러의 외피만 간단하게 바꿔 주며, 대지 앞에 Water라는 이름의 재질을 입혀 주어 바다를 표현해 준다.

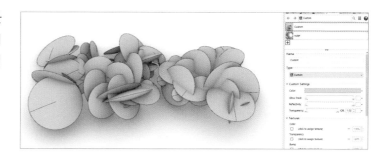

완성된 모델링. 참 쉽고 간단한
프로젝트였다. 흥미로운 프로세
스로 이뤄 낸 정말 구현하기 어
려운 디자인.

엔스케이프로 보이는 최종 모델링 디자인. 이번 프로젝트는 유기적 형태를 표현하는 새로운 방법론을 전달하는
것에 중점을 두었다. 디자인이란 때로는 다르게 생각하고, 표현하는 Tool(Media)을 다르게 하여 실험하는 것도 필
요하기 때문이다. 필자는 Scatter Tool을 완벽한 표현기술은 아니라고 생각하지만, 건축 디자이너로 가끔 생각
의 틀에서 깨어나기 위한 하나의 도구로 사용하고 있다. 물론 언제나 성공적이진 않지만, 가끔은 신선한 결과물
들을 제공해 주곤 한다. 장 누벨의 카타르 국립 박물관은 과연 RhinoGrow 툴을 사용해서 디자인했을지는 모
르는 일이다. 하지만 앞으로 디자인 방법의 가능성을 열어 두고 작업한다면 장 누벨과 같은 세기의 작품을 우연
히 뚝딱 만들어 볼 수 있지 않을까.

완료된 National Museum of Qatar의 3초 렌더링. 엔스케이프 기본 렌더세팅으로 완료하였다.

마치며

건축은 세상 그 어떤 산업보다 깊은 역사를 지니고 있고 그만큼 변화에 보수적인 산업입니다. 하지만 소프트웨어 개발자들은 그렇지 않지요. 계속해서 새로운 아이디어와 기술을 도입해 대중에게 더 편하고 안전한 디지털 서비스를 제공하고자 합니다. 일하는 방식을 바꿀 혁신적인 소프트웨어가 미리 공급되어 있음에도 사용자들이 그것을 인지하지 못했을 때는 굉장한 기술적 도태라고 필자는 생각합니다. 현재 4차 산업혁명이 코앞에 와 있지만, 인공지능(Artificial Intelligence)과 클라우드 컴퓨팅(Cloud Computing), 바이오테크(Biotech) 등의 미래 적용에 대해 전혀 준비되어 있지 않을 경우와 다를 것이 없다고 봅니다. 급진적인 디지털 산업의 기술 발전은 현재진행형입니다. 새로운 것에 대한 두려움이 적고, 적응력(Adaptation)이 빠른 사람들이 앞으로의 산업혁명에 큰 선구자가 될 것이라 필자는 믿고 있습니다.

사실상 모두에게 실시간 렌더링이란 이미 생소한 단어는 아닐 것입니다. 이미 다른 소프트웨어로 실시간 렌더링을 전문적으로 하는 독자도 있을 것이고요. 필자는 이 책에서 소개한 엔스케이프가 독자들에게 건축표현 작업에서 또 다른 신선함이 되어 줄 것을 약속합니다. 아직 단 한 권도 발매되지 않은 세계 최초의 엔스케이프 3D 안내서를 관심 있게 봐 주어 선택해 주신 독자분들께 감사함을 표합니다.

이 책은 디지털 디자인 온라인 강좌 플랫폼인 렉터스 LECTUS(www.lectus.kr)와 연계하여 프로젝트를 진행하였습니다. 필자가 직접 강의하고 있는 "리얼타임 렌더링의 혁신_엔스케이프 3D+라이노 6.0" 웹사이트(https://lectus.kr/course/enscape_rhino/)를 통해 책에서 다루지 못한 심도 있는 설명들과 프로젝트를 만날 수 있으니 참고 바랍니다.

343

라이노 6.0 + 엔스케이프
3D 디자인랩

| 건축 디자이너가 알려 주는 전략적 모델링과 렌더링

초판 1쇄 인쇄 2019년 10월 25일
초판 1쇄 발행 2019년 10월 30일
초판 2쇄 발행 2022년 9월 20일

지은이 길기윤
펴낸이 김호석
펴낸곳 도서출판 대가
편집부 주옥경 · 곽유찬
마케팅 오중환
관 리 김경혜

주 소 경기도 고양시 일산동구 무궁화로 32-21 로데오메탈릭타워 405호
전 화 02) 305-0210
팩 스 031) 905-0221
전자우편 dga1023@hanmail.net
홈페이지 www.bookdaega.com
ISBN   978-89-6285-235-6 13000

- 책값은 뒤표지에 있습니다.
- 파본 및 잘못 만들어진 책은 교환해 드립니다.
- 이 도서의 국립중앙도서관 출판예정도서목록(CIP)은 서지정보유통지원시스템 홈페이지(http://seoji.n.glo.kr)와
  국가자료공동목록시스템(http://www.nl.go.kr/kolisnet)에서 이용하실 수 있습니다. (CIP제어번호 : CIP2019039347)